U0676062

体验阅读系列◆体验生活

每天给自己一个希望

◎总 主 编：张忠义
◎本书主编：田登爱

花山文艺出版社

图书在版编目(CIP)数据

每天给自己一个希望:体验生活 / 田登爱主编. – 石家庄:花山文艺出版社, 2005.4(2021.5 重印)

("读·品·悟"体验阅读系列 / 张忠义主编)

ISBN 978-7-80673-575-6

Ⅰ.①每... Ⅱ.①田... Ⅲ.①语文课—课外读物 Ⅳ.①G634.303

中国版本图书馆 CIP 数据核字(2005)第 020936 号

丛 书 名:体验阅读系列
总 主 编:张忠义
书 名:每天给自己一个希望(体验生活)
主 编:田登爱

策 划:张采鑫
责任编辑:李 鸥
特约编辑:李文生
责任校对:贾 伟
全案设计:北京九洲鼎图书有限公司
出版发行:花山文艺出版社(邮政编码:050061)
　　　　　(河北省石家庄市友谊北大街 330 号)
销售热线:0311-88643221
传 真:0311-88643234
印 刷:永清县晔盛亚胶印有限公司
经 销:新华书店
开 本:710×1000　1/16
印 张:10
字 数:180 千字
版 次:2005 年 4 月第 1 版
　　　　2021 年 5 月第 4 次印刷
书 号:ISBN 978-7-80673-575-6
定 价:35.00 元

(版权所有　翻印必究·印装有误　负责调换)

目　录

那时我们不懂生活

永不终止的精神旅程

倾听生活的真谛

生活随笔

告别昨日璀璨的星辰，面对今日亮丽的阳光。蓦然回首，年少的经历就像沙滩上的彩贝，海潮退去了，它却永久地留了下来，上面记录着海洋的斑斓多彩！

年少的岁月里，困惑、迷茫、幼稚、天真、好奇、纯真，构成了我们生活的主旋律，伴随我们一路走过风雨历程，从童年走向青年，从幼稚走向成熟，带着一份初生牛犊不怕虎的精神，带着对生活的憧憬与希望，去迎接明天新生活的挑战。

那时我们不懂生活

一

说是寂寞的秋的悒郁，
说是遥远的海的怀念，
假如有人问我烦忧的原因，
我不敢说出你的名字。

我不敢说出你的名字，
假如有人问我烦忧的原因，
说是遥远的海的怀念，
说是寂寞的秋的悒郁。

伤 疤 情 结

◆谢宗玉

> 在情窦初开的年岁,让我突然发现这个伤疤,
> 这又是多么的残忍啊。开始的那段日子,我真有说
> 不出的忧伤和绝望。

初二时,班上有个同学,叫小江。小江的鼻子不知咋搞的,上面有明显的斑痕,有点像猫鼻。大家就给了他个诨号,叫猫鼻子。叫的人也不觉得是侮辱,应的人也不觉得是被侮辱。久而久之,他的真名好像被人忘了。

有一天,我们和猫鼻子在江边散步。两名"咻咻"笑着的少女迎面而来,因为美丽,就不免有些傲气的样子。那时我还是浑小子一个,看了她们一眼,又继续说自己的话,可身边四五个男孩像突然哑了,竟没有一个接腔。话题刚才还像群闹鼠,这会儿因为两名少女的经过,都缩回嘴洞里了。我感到莫名其妙。特别是小江,他本来走在路中间,少女应该与他擦身而过,可他一下子就踱到路边了,还用手掩着鼻子,把脸扭到一边,装着吐口水的样子。我突然知道,原来他挺在乎自己有缺陷的长相。

我再叫他猫鼻子,他答应得挺勉强的。我是第一个感觉出来的,从此我就叫他真名了。但其他人仍叫他诨号,终于有一天他怒不可遏,大打出手,与一个叫他诨号的人干了起来。那人不单叫他猫鼻子,还明显带有奚落的成分。他就再也忍不住自己压抑好久的情绪了。

有了这一架后,当面再没有人叫他的诨号了。他似乎松了一口气。可那是十四五岁的年龄,动不动就会闹翻,而一闹翻,别人必会骂他猫鼻子。这时再听,自然就更刺耳了。每每这时,他必满脸紫红,眼睛里放出仇愤的光芒。他追着人打,一副恨不得要致人于死地的样子。若追不上,他就绝望地哭,换成一副恨不得自己死了算了的样子,让人心惊胆战。

我正庆幸之际,突然发现自己身上也有伤疤,在耳朵根子后。

记得是初二下学期要结束的时候。一天,班上一个女生投我一束漫不经心的目光,我就像电击了般怔了半响。我脸红耳赤,转身跑到寝室,偷偷拿着别人的小镜子,前前后后,左左右右,把自己的那张脸看了至少十几分钟。这时我就发现耳根后那条伤疤了。我的脑子当即"嗡"地一声,呈糊糊状了。我马上怀疑那女生漫不经心的目光不是因为喜欢,而是因为厌恶。天啊,我怎么也会同小江一样啊?我的

全身都寒得发颤……

然后我才知道伤疤原来是我4岁时与堂姐打架，被堂姐拿火棍烧的。烂了好长一段时间，后来伤痛好了，我也就忘了疤。如果不是因为情窦初开，我也许永远发现不了那个伤疤。

在情窦初开的年岁，让我突然发现这个伤疤，这又是多么的残忍啊。开始的那段日子，我真有说不出的忧伤和绝望。

没人的时候，我就对着镜子，侧着头，使劲地搓那个伤疤，好像这样能把伤疤搓走似的。可伤疤哪能搓得走啊，搓久了，我把半边脖子都搓红了。这样一看，伤疤倒像更长更宽了。我气急败坏，把镜子都砸碎了。后来我就怕照镜子了。我跟人把课桌换到教室最右边，这样上课的时候就只有墙壁能看见我耳后的伤疤。再后来我也与小江一样，特怕碰见女生，怕与女生说话。

高中时学鲁迅的《阿Q正传》，当老师读到阿Q因为头上的癞子而怕别人说亮说光时，别的同学哄堂大笑，只有我，霎时满脸通红。我还算不错，背着这么一条"沉重的伤疤"，居然也能同别人一样考上了大学，而小江就没有我幸运。他的伤疤比我的明显得多，他大概被自己的伤疤"压垮"了。

大学时，谈恋爱，我老爱走在女朋友的右边。如果哪一回，女朋友走在我的右边了，我耳根后的伤疤总痒痒地有种火燎的感觉。好像女友的目光是火，在烧它。后来结婚了，我似乎放了好大的心。有一回躺在床上，我终于忍不住自己提起这个伤疤来。我对妻子说：我的那个伤疤是不是好难看？妻子漫不经心，问：哪啊？我说：就是耳根下那个呀。妻子"哦"了一声，说：让我看看，我可从没注意呢。我听了真是哭笑不得。我哀哀地叹了一口气，然后把年少时伤疤带给我的痛苦全告诉了妻子。妻子没心没肺地"呵呵"笑个不停。笑到一半，她突然想起了什么，就停住了，然后凑到我的脸前，说：你发现没有？我的眉角也有一条伤疤，读中学时，我也自卑过好长一段时间呢。我爬起来，仔细看了看妻子光洁的额头。天，她所谓的伤疤几乎要靠显微镜才能找到。她居然也说为它在意了好长一段时间！

然后我就想，是不是每个人在成长的过程中，都要经历一段"伤疤情结"？而其本质的原因，是我们对异性开始有了最初的关注？噫，这也许是少年维特之烦恼中的一种吧。

心灵体验 作者通过"我"和"我"的同学以及妻子的"伤疤"故事的描写，表达了他的想法：每个人大概都有自己的"伤疤情结"。其实，只要从"伤疤"的阴影中走出来，最后都会发现生活充满阳光。

放飞思维

1.所谓的"伤疤情结"是指什么？有什么寓意？

2.一个人进入青春期后，非常在意异性怎样看待自己，当你意外发现自己身上的"伤疤"时，你该怎么办呢？

3.你怎样理解"他的伤疤比我的明显得多，他大概被自己的伤疤'压垮'了"这句话的含义？

错出的美丽

◆ 牧归牛

那位同学表露的那份怀春少女特有的梦幻般的期待，让女孩深受感动。女孩决定继续将错就错，让她带着甜蜜的梦幻走向新的生活。

一位高三年级的女孩刚锁上宿舍的门，准备去教室，她的姐姐急冲冲地跑来，递给她一盒生日蛋糕，说："过两天就是你的生日，我本想到那天给你搞个生日晚宴，可单位让我出差，晚宴搞不成了。"女孩把那盒蛋糕从窗口放到了靠窗的一张床上。

晚自习后，女孩回到宿舍，见七八个同学有说有笑，而且每人手里都拿着一块蛋糕。猛然间，女孩想起了姐姐送来的那盒生日蛋糕，还没等女孩开口，床位紧靠窗户的那个女同学拉住女孩的手兴奋地说："我太高兴了！居然有人知道今天是我的生日，特地给我送来了一盒蛋糕，那蛋糕上有漂亮的图案和字母，可惜你回来晚了没看到。"说着，那位同学又用牙签串起一块蛋糕送到了女孩的手中，急切地问："我们都不知道蛋糕是谁送的，你最后离开宿舍，我猜你一定知道送蛋糕的是谁，告诉我，这个人是男的还是女的？"这时候，有人恶作剧地说："你那个丑样，哪会有男孩喜欢你！"女孩真想说出这蛋糕是她姐姐送给自己的，可是，看着一张张兴高采烈的脸和那位错以为别人给送蛋糕的同学期待的目光，女孩不忍心让大家扫兴，更不忍心让那位同学尴尬，于是女孩将错就错撒了一回谎："是一个很英俊的男孩！"众人一齐鼓掌："一定是那个男孩爱上你了！"那位同学的脸上绽放出了灿烂的笑容。

熄灯以后，那位同学悄悄俯到女孩的耳根问："那个男孩是不是我们班级的？你认识他吗？"女孩只好说："天色暗，我没看清他的脸。"

以后的几天，宿舍里的中心话题都离不开给那位同学送蛋糕的神秘的男孩，虽说谈不出什么结果，但那位同学的脸上始终溢满了快乐，而且，她学习更用功了，她在期待着那位"白马王子"的出现。

毕业前夕，女孩见那位同学的头发上扎上了一条粉红色的绸带，女孩知道那条粉红色的绸带正是缠在姐姐当初送给她的生日蛋糕盒上的那一条。女孩真想把实情告诉她，可话到嘴边又咽了下去。那位同学表露的那份怀春少女特有的梦幻般的期待，让女孩深受感动。女孩决定继续将错就错，让她带着甜蜜的梦幻走向新的生活。

并非所有的错误都让人扫兴，都会留下遗憾，有时候将错就错也能"错"出美丽来。

心灵体验

生活因误会而精彩！一场误会使文中的那位同学的生活从此充满了欢乐，误会使她克服学习上的困难，努力学习。因为"那位同学表露的那份怀春少女特有的梦幻般的期待"，女孩也为此而感动，决定继续将错就错，让她美美地期待，快乐地成长。

放飞思维

1. 女孩为什么撒谎说"是一位很英俊的男孩"？有什么意义？
2. 那位同学绽放出了灿烂的笑容，表现了她怎样的心理？
3. 毕业前夕，"她"为什么要扎上那条粉红色的绸带？女孩为什么最终还是没有告诉"她"真实的结果？

五盘三胜制

◆佚 名

我刚进业余班那阵，连球拍都不会握，可我盯住了班上的冠军，非要跟他拼拼不可。

一向一帆风顺的皮特，在生意上第一次遭受了巨大的挫折与失败。皮特心灰意冷，整天呆在家里闷闷不乐。

7岁的儿子普里特放学回来，兴高采烈地向皮特大声宣布：

"爸,我有个好消息向您宣布！"

"是吗？普里特。"

漫不经心地问答。

聪明的普里特看出了皮特的不快,问道:

"哦,爸爸,您为什么总不高兴？是打球输了吗？"

普里特刚刚加入学校乒乓球业余培训班,对乒乓球非常感兴趣。皮特回答他说:

"差不多,我输给了对手。"

"那有什么了不起！"普里特说,"我刚进业余班那阵,连球拍都不会握,可我盯住了班上的冠军,非要跟他拼拼不可。每天训练一结束,我就找他挑战,当然我从来没赢过,心情非常沮丧,所以我非常同情您,爸爸,您的对手是冠军吗？"

"那不见得！"

皮特答道。

"哇！"普里特叫了起来,"连冠军都不是,那就更不应该输给他。您知道我是如何战胜冠军的吗？"

"如何？"

"我给自己打气,经过一段时间准备后,我又去向骄傲的冠军挑战,果然,第一局我又输了。"

"第二局呢？"

"也输了。"

"那你真的又输了。"

"可是,爸爸,第三局我赢了他。"

"可你,最终还是输给了他。"

"不,爸爸。"普里特自豪地说,"记住,第三局我赢了他,我终于打败了他一回。爸爸,您失败了几次？"

"一次！"

"爸,您真笨,才一局您就认输了,您应该来五盘三胜制,彻底打败对手。"

"五盘三胜制？这主意真好！"皮特豁然开朗,心情也好多了,便问普里特,"你刚进门时说有好消息告诉我,是什么好消息？"

普里特认真地答道:

"就是在第三局我终于战胜了对手呀！"

一时的成败并不算什么,因为它们即将成为过去。失败了,没关系,收拾好你的心情。记住,只要这场竞争还继续下去,你就还有机会。相信自己是最好的,拿出信心和勇气,就能从挫折中发掘出成功的曙光!

放飞思维

1. 爸爸和儿子面对失败是怎样的两种截然不同的态度?

2. 普里特只在第三局胜了对手,为什么说他自己赢了?你怎样理解他的输和赢?

签　名

◆曹志星

乔治拿出一本书来,说,那你先给我签个名吧!父亲看了他片刻,然后拿起笔来,在扉页上写道:"赠乔治,生活其实比什么都重要。布莱特。"

在乔治的记忆中,父亲一直就是瘸着一条腿走路的,他的一切都平淡无奇。所以,他总是想,母亲怎么会和这样的一个人结婚呢?

他总觉得,父亲那条瘸腿,带给自己的是耻辱。

一次,市里举行中学生篮球赛。他是队里的主力,他找到母亲,说出了他的心愿:他希望母亲能陪他同往。在赛场上,只要看到母亲的目光,他就能发挥出最好的水平。母亲笑了,说,那当然。你就是不说,我和你父亲也会去的。他听罢摇了摇头,说,我不是说父亲,我只希望你去。母亲很是惊奇,问这是为什么,他勉强地笑了笑,说,我总认为,一个残疾人站在场边,会使得整个气氛变味儿。母亲叹了一口气,说,你是嫌弃你的父亲了?父亲这时正好走过来,说,这些天我得出差,有什么事,你们商量着去做就行了。乔治舒了口气,说,爸爸,祝你一路平安!父亲慈爱地抚摸着他的头,说,我祝你能赛出好的成绩。

比赛很快就结束了,乔治所在的队得了冠军,乔治为此立下了汗马功劳。在回家的路上,乔治很是兴奋地说个不停。母亲也很高兴,说,要是你父亲知道了这个消息,他一定会放声高歌的。乔治沉下了脸,说,妈妈,我们现在不提他好不好?母亲接受不了他的口气,尖叫起来,说,你必须要告诉我这是为什么!乔治满不在乎地笑了笑,说,不为什么,就是不想在这时提到他。母亲的脸色凝重起来,说,孩子,这话我本来不想说,可是,我再隐瞒下去,很可能就会伤害到你的父亲。你知道你父亲的腿是怎么瘸的吗?乔治摇了摇头,说,我不知道。母亲说,那一年你才两岁,父亲带你去花园里玩儿,在回家的路上,你左奔右跑。忽然,一辆汽车急驰而来,你父亲为了救你,左腿被碾在了轮下。乔治顿时呆住了,说,这怎么可能呢?母亲说,这怎么不可能?不过这些年你父亲不让我告诉你罢了。

二人慢慢地走着。母亲说,有件事可能你还不知道,你父亲就是布莱特,你最喜欢的作家。乔治惊讶地蹦了起来,说,你说什么?我不信!母亲说,这其实你父亲也不让我告诉你。你不信可以去问你的老师。乔治把运动服塞在母亲的怀里,说,你等着,就急急地向学校跑去。老师面对他的疑问,笑了笑,说,这都是真的,你父亲不让我们透露这些,是怕影响你的成长。但现在你既然知道了,那我就不妨告诉你,你父亲是一个伟大的人。

乔治激动得不能自已,一阵风地跑回家中,父亲却不在。两天以后,父亲回来,一进门他就急不可待地说,爸爸,我问你一件事。父亲放下手提包,说,是不是又遇到了什么困难?他摇了摇头,说,爸爸,我只是想问你一句话。父亲笑了,说,别说一句,就是一百句也没问题。乔治说,你就是大名鼎鼎的布莱特吗?父亲愣了一下,然后就笑了,说,孩子,你怎么想起了这个问题?乔治制止他问下去,说,你得先回答我。父亲点了点头,说,我就是写小说的布莱特。乔治拿出一本书来,说,那你先给我签个名吧!父亲看了他片刻,然后拿起笔来,在扉页上写道:"赠乔治,生活其实比什么都重要。布莱特。"然后放下笔,说,我其实比签名更重要。然后,笑了起来。

多年以后,乔治成为一名出色的记者。有时,有人让他介绍自己的成功之路,他就会重复父亲的那句话:生活其实比什么都重要。

心灵体验

《签名》中的父亲不仅是告诉儿子也告诉我们:生活其实比什么都重要。真的,我们常常无视生活的客观存在,在追求梦幻的奇迹与乐趣,怀念消逝的美丽和逝去的爱。但是,你想过吗?更令人痛苦的是当美丽之花在我们的生活中绽放时,我们却视而不见;当我们沐浴着爱的光辉时却未能以爱来回报。

1. 乔治的父亲为什么不让乔治知道他是一位作家及腿瘸的原因？为什么母亲又不得不告诉他？

2. 乔治父亲签名留下的一句话对乔治的人生产生了怎样的影响？

3. 假如乔治的父亲不是一名作家，只是一个普通人，发散你的思维想像一样，乔治的人生将会是怎样的呢？

天 才 梦

◆张爱玲

我发现我不会削苹果。经过艰苦的努力我才学会补袜子。我怕上理发店，怕见客，怕给裁缝试衣裳。许多人尝试过教我织绒线，可是没有一个成功。

我是一个古怪的女孩，从小被目为天才，除了发展我的天才外别无生存的目标。然而，当童年的狂想逐渐褪色的时候，我发现我除了天才的梦之外一无所有——所有的只是天才的乖僻缺点。世人原谅瓦格涅的疏狂，可是他们不会原谅我。

加上一点儿美国式的宣传，也许我会被誉为神童。我3岁时能背诵唐诗。我还记得摇摇摆摆地立在一个清朝遗老的藤椅前朗吟"商女不知亡国恨，隔江犹唱后庭花"，眼看着他的泪珠滚下来。7岁时我写了第一部小说，一个家庭悲剧。遇到笔画复杂的字，我常常跑去问厨子怎样写。第二部小说是关于一个失恋自杀的女郎。我母亲批评说：如果她要自杀，她决不会从上海乘火车到西湖去自溺，可是我因为西湖诗意的背景，终于固执地保存了这一点。

我仅有的课外读物是《西游记》与少量的童话，但我的思想并不为它们所束缚。8岁那年，我尝试过一篇类似乌托邦的小说，题名快乐村。快乐村人是一好战的高原民族，因克服苗人有功，蒙中国皇帝特许，免征赋税，并予自治权。所以快乐村是一个与外界隔绝的大家庭，自耕自织，保存着部落时代的活泼文化。

我特地将半打练习簿缝在一起，预期一本洋洋大作。然而不久我就对这伟大的题材失去了兴趣。现在我仍旧保存着我所绘的插画多帧，介绍这种理想社会的服务、建筑、室内装修，包括图书馆、"演武厅"、巧克力店、屋顶花园。公共餐室是荷花池里的一座凉亭。我不记得那里有没有电影院与社会主义——虽然缺少这两样文明产物，他们似乎也过得很好。

9岁时，我踌躇着不知道应当选择音乐或美术作我终身的事业。看了一张描写穷困的画家的影片后，我哭了一场，决定做一个钢琴家，在富丽堂皇的音乐厅里演奏。

对于色彩、音符、字眼，我极为敏感。当我弹奏钢琴时，我想像那八个音符有不同的个性，穿戴了鲜艳的衣帽携手舞蹈。我学写文章，爱用色彩浓厚、音韵铿锵的字眼，如"珠灰"、"黄昏"、"婉妙"、"splendour"、"melancholy"，因此常犯了堆砌的毛病。直到现在，我仍然爱看《聊斋志异》与俗气的巴黎时装报告，便是为了这种有吸引力的字眼。

在学校里我得到自由发展。我的自信心日益坚强，直到我16岁时，我母亲从法国回来，将她睽隔多年的女儿研究了一下。

"我懊悔从前小心看护你的伤寒症，"她告诉我，"我宁愿看你死，不愿看你活着使你自己处处受痛苦。"

我发现我不会削苹果。经过艰苦的努力我才学会补袜子。我怕上理发店，怕见客，怕给裁缝试衣裳。许多人尝试过教我织绒线，可是没有一个成功。在一间房里住了两年，问我电铃在哪儿我还茫然。我天天乘黄包车上医院去打针，接连三个月，仍然不认识那条路。总而言之，在现实的社会里，我等于一个废物。

我母亲给我两年的时间学习适应环境。她教我煮饭；用肥皂粉洗衣，练习行路的姿势；看人的眼色；点灯后记得拉上窗帘；照镜子研究面部神态；如果没有幽默天才，千万别说笑话。

在待人接物的常识方面，我显露惊人的愚笨。我的两年计划是一个失败的试验。除了使我的思想失去均衡外，我母亲的沉痛警告没有给我任何的影响。

生活的艺术，有一部分我不是不能领略。我懂得怎么看"七月巧云"，听苏格兰兵吹 bagpipes，享受微风中的藤椅，吃盐水花生，欣赏雨夜的霓虹灯，从双层公共汽车上伸出手摘树巅的绿叶。在没有人与人交接的场合，我充满了生命的欢悦。可是我一天也不能克服这种咬啮性的小烦恼，生命是一袭华美的袍，爬满了蚤子。

心灵体验

女作家张爱玲的《天才梦》，给我们以警醒。在现实生活中，有很多学习上的尖子，就像张爱玲本人一样，被视为天才，却在其他方面显得惊人的笨拙。文章告诫我们：纵然是天才，也要学会生活，要实践生活中方方面面的东西，你才能适应社会的生存。

放飞思维

1."我"的母亲为什么会说"我宁愿看你死,不愿看你活着使自己处处受痛苦"?

2.请谈你对"生命是一袭华美的袍,爬满了虱子"的理解?

悠长的铃声

◆毕淑敏

当我伸直双腿安稳地坐在课桌前,铃声才像薄雾一般散去。"看门的老头拽着铃绳睡着了。"同桌说。

雨天,是城市的忌日。

花花绿绿的伞,填满每条街道,到处堵车。我大清早出门,赶到读书的学院,还差一分钟就要上课了。

"今天你晚了。"看大门兼管打铃的老师傅说。他瘦而黑,像一根铁钉。别的同学都住校,惟我走读。开学才几天,他这是第一次同我讲话。

"不晚。"我撒腿就跑。从大门口到教室的路很漫长,就是有本·约翰逊的速度再加上毒品,也来不及。课堂纪律严格,我只是想将损失减少到最小。

上课的铃声在我背后响起来了,像一条鞭子,抽我的双腿。有一瞬,几乎想席地坐下,喉咙里发咸,仿佛要吐出红色来。迟到就迟到吧!纪律虽严,健康还是最重要的!

我的脚步迟缓下来,仿佛微风将息的风车。然而铃声还在宁静而悠远地响着,全然没有即将沉寂的衰弱。

只要铃声响着,我就不该停止奔跑。我对自己说。终于,到了。

老师和同学们都在耐心地倾听着,等待铃声的完结。

放学时,我走过大门,很想向老人表示感谢。可是,说什么好呢?说谢谢您把铃绳拽得时间那么长吗?我想在学府里,最好的谢意莫过于知识者对普通人的尊敬,便很郑重地问:"老师傅,您贵姓?"

"免贵。"然后,他告诉我姓氏。

我的脑幕上管记忆一般人姓名的区域,似乎被虫蛀过,总是容易搞错。不过,这难不住我,我创造了联想方式。比如,听了看门师傅的姓氏,我脑海中就幻化出花果山水帘洞的景象。这法子秘不传人，却是百试百灵的。

上学三年，我认真称呼他的机会并不太多。惟有恰恰赶在上课铃将响之时，我经过校门，才会恭恭敬敬地称他一声："侯师傅好！"

若是他一个人，会冲着我宽厚地笑笑。有时围着做饭、植花的其他师傅，我便格外响亮地招呼他，表示我对他的尊重。周围的人看着他嬉笑，他就不好意思地低下头。其后，便会有悠长的铃声响起，像盘旋的鸽群，陪伴我走进教室。

当我伸直双腿安稳地坐在课桌前，铃声才像薄雾一般散去。"看门的老头拽着铃绳睡着了。"同桌说。

只有我知道这秘密，但我永远不会说。说出来，便破坏了这一份温情，这一番默契。

终于，我以优异的成绩良好的品行，毕业于学院。我拎着沉重的书包走出校门，最后一次对铁钉样的老人说："师傅好！"他瞅瞅四周无人，很贴切地靠近我："你就要走了，我想同你说一件事。"

我稍稍后退了一步：这个老头，要做什么？凭着有几次将铃声响得久远，便要有求于我吗？

"你不要放在心上。"他果然踌躇了，"我只是想告诉你……唉，不说了……不说了……"他苍老的头颅在秋风中像芦花一般摆动着，脸色因为窘迫，像生了红锈。

"到底是什么事呢？"我的好奇心发作了。

"他们说你是成心的，我说不是……"老人舔了一下嘴唇，好像那里粘着一粒砂糖，慈善地看着我。

"您快说嘛！侯师傅！"听这口气，与我有关，忙不迭地追问。

"你千万别介意……我不是姓侯，我姓孙……"

心灵体验　　这篇文章写了我与打铃老人之间的"秘密"。那悠长的铃声，洒下的是一路的善意，一路的希望，反映了老人的善良与朴实。当心存感激的"我"却连姓都喊错时，老人也没有纠正。直到"我"离校的时候，老人才不好意思地说出来。是啊，人间无处不真情，天下还是好人多，我们应该相信这话。

放飞思维　　1.下雨天，"我"为什么会迟到？

2. 从哪里可以看出大家并不知道打铃老人故意延长时间的秘密？

3.为什么"我"当着很多人的面称呼侯师傅时,围着的人会看着他嬉笑,他也很不好意思地低下头?

那 年 夏 天

◆ 王 扬

> 进城打工啥都不怕,就怕出安全事故。砌墙时,一摞摞砖头摆在高高的脚手架上,很容易掉下来把人砸伤。我多次提议在脚手架下搞一道护栏网,胖工头总以各种理由拒绝。

考上高中那年,家里光景很惨淡。爹卧病在床,哥外出未归,里里外外靠娘一个人支撑着。为了下学期的学费,我只有去打工。

村里进城打工的乡亲很多,幺叔是其中的领头人。经娘的说合,第二天,我就骑上家里那辆破旧的自行车加入了幺叔的打工队伍。

工地在县交警队领导家属院。院内20多座小别墅气派非凡。听乡亲们说,每幢别墅光装修就花了5万多。

那天我的工作是往一辆辆穿梭不停的独轮车上装石子。刚开始,我挥起铁锹感到游刃有余,浑身有用不完的劲。这活磨人,渐渐地我感到有些不支,两只胳膊像灌了铅,一不小心,一锹石子被我倒出车外,呼啦啦洒了一地。"怎么搞的,连个石子都不会装!"那个胖工头冲着我大声吼。幸好这时幺叔走过来,给工头又是递烟又是说好话才算没事。我也长舒了一口气。待我把小山一样的石堆铲完时,已累得筋疲力尽。

晚上,如豆的灯光下,娘心疼地抚摸着我手上的血泡,带着哭腔说:"孩子,不行咱就别干了,咱给亲戚朋友借点儿吧!"我没有答应,我知道,向别人伸手借钱,是庄稼人最难为情的事。

以后的日子,我每天头顶炎热,脚踏炎热,把一块块沉重的隔热板背上高高的别墅。第一次登上脚手架时,我心有余悸……活一样比一样重,也一样比一样累。毒辣的日头无遮无拦地晒在身上,能把人烤焦。手上的血泡破了,结成伤疤,又磨成茧子,再也感觉不到疼痛。坎坷磨难中我日益坚强、成熟。

邻村的山子和我一样,是名小工,我们很快成为朋友。山子自小命苦,6岁那年父亲就在一场煤矿事故中离开人世。家中姊妹多,生活的重担过早地落在他稚嫩的肩头。午间休息时,躺在冰凉的水泥板上,我爱听山子哼唱的《打工谣》:"打工活,喝凉水,啃干馍,骑着自行车赛摩托……"那苍凉悲怆的旋律在空旷的屋子里激荡着,锤子一样敲击着我的心。

进城打工啥都不怕,就怕出安全事故。砌墙时,一摞摞砖头摆在高高的脚手架上,很容易掉下来把人砸伤。我多次提议在脚手架下搞一道护栏网,胖工头总以各种理由拒绝。

悲惨的一幕终于发生了。一天午后,山子正在给墙抹灰,一块砖头突然从摇晃的脚手架上脱落,结结实实地砸在他肩上,伤口顿时血流不止。山子"哎哟"一声,痛苦地倒在地上。幺叔眼尖,扔下手中的工具,背起山子奔向附近的诊所。

给山子包好伤口,我们一起找工头交涉。工头说:"这是山子自己不小心,不能算工伤,工地上不报销医药费。"大家气得直想抄起家伙狠狠地收拾他一顿。幺叔拦住大家,冷静地对工头说:"谁脑袋上也没长眼睛,大伙多次提出设一道护栏网,你不听才出了今天的事,要是山子的药费工地不报销,窝心活我们没法干……"慑于我们人多势众,主要怕耽误工期,最终工头同意拿300元钱作为事故赔偿。

当幺叔把赔偿金和工友们捐献的200元钱送给躺在病床上的山子时,一向坚强的山子哭了,他呜咽着说:"要是我不能干力气活了,家里谁挣钱啊,乡里提留又重……"

开学了,我从工头手中接过400多元钱时,想起山子,心中一阵难受。幺叔拍拍我的肩膀:"大叔送你一句老话:学生能忍寒窗苦,不愁金榜题名时。"

以后,我时常对自己说:"生活给你留下了这样真实而难忘的一页,前进的路上还有什么能使你低头屈服?"那一年,我15岁。

心灵体验

作品通过"我"的打工经历,不露声色地揭示了社会的某些阴暗面和不合理,是对现实生活的写照,读来让我们感到愤懑与不平的同时,也给了精神上的启迪。生活中有太多的不公平,一个人受多少苦并不感人,感人的是如何面对苦难,并能一一超越自己,奋力拼搏,把苦难踩在脚下,就是你通向成功殿堂的阶梯。

放飞思维

1.山子被砸成重伤的主要原因在哪里?为什么会有这种情况发生?这说明了什么样的社会问题?

2."学生能忍寒窗苦,不愁金榜题名时。"你是否认同这句话?为什么?

掌　　声

◆董保纲

> 从那以后，我学会了给人鼓掌，尤其是当别人
> 身处困境的时候。其实，人都是需要掌声的。在人
> 生的舞台上，谁不希望自己的演出得到喝彩？

我常常想起一个关于掌声的故事。

那是我上高中一年级的时候，班里有位叫英子的女孩儿，她沉静漂亮，但是总爱钻缩在教室的一角。上课前，她早早地就来到教室，下课后，她又总是最后一个离开教室。后来我们才知道，她的腿因为得了小儿麻痹症而落下了残疾，她不愿意让人看到她走路的姿势。

一天，上演讲课时，老师让同学们走上讲台讲述一个小故事。轮到英子演讲的时候，全班40多双眼睛一齐投向了那个角落，英子立刻把头低了下去。演讲老师又是刚调来的，还不了解英子的情况，他就一直点英子的名字。

英子犹豫了一会儿，最后慢吞吞地站了起来。我们注意到，英子的眼圈红了。

在全班同学的注视下，英子终于一摇一晃地走上讲台。就在她刚刚站定的那一刻，不知是在谁的带动下，骤然响起了一阵掌声，那掌声热烈、持久。在掌声里，我们看到，英子的泪水流了下来。

掌声渐渐平息，英子也定了定情绪，开始讲述她童年的一个小故事。她的普通话说得很标准，声音也十分动听。当她结束演讲的时候，班里又响起了一阵掌声。英子很礼貌地向演讲老师深鞠一躬，又向同学们深鞠一躬，然后，在掌声里一摇一晃地走下了讲台。

奇怪的是，自从那次演讲以后，英子就像变了一个人似的。她不再是那么忧郁了，她和同学们在一起游戏、说笑，甚至有一次她还走进了学校的小舞厅，让同学们教她跳舞。后来，英子的学习成绩一直很好，尤其是数学和物理，高二那一年，她代表我们学校参加了全国奥林匹克物理竞赛，还得了奖。

三年时光，匆匆而过。三年之后，英子被北京的一所大学破格录取。

后来，英子给我来信说："我永远不会忘记那一次掌声，因为它使我明白，同学并没有歧视我。我应该鼓起勇气微笑着面对生活，那次掌声给了我第二次生命……"

我这才明白了英子变得开朗活泼的原因。从那以后，我学会了给人鼓掌，尤其

是当别人身处困境的时候。其实,人都是需要掌声的。在人生的舞台上,谁不希望自己的演出得到喝彩? 掌声,是一种尊重,更是对一个生命的鼓励和肯定。

心灵体验

在人生的舞台上,人人都需要掌声,需要喝彩。掌声是一种尊重,是跳出自卑烦恼的良药,是让你振作的兴奋剂,它会让你学会欣赏自己,去创造属于自己的美好生活。不要吝啬你的掌声,它是生活赐予勤奋者最宝贵的馈赠。朋友,当掌声响起的时候,千万别忘了给别人以掌声。

放飞思维

1.为什么说掌声给了英子第二次生命?
2.文章最后一节主要采用了什么表达方式?作用是什么?
3.读了这篇文章,你有什么启示?

小 名

◆ 高 翔

不知怎的,妈妈竟在短短的几天内学会了很有味地叫我的大名,而且同以前叫我小名时那样顺口熟练。我自然很高兴。

大约我的出生与木有关,于是颇懂斯文的外公顺口给我起名叫森儿。在"森儿、森儿"的呼唤中我慢慢长大了,到了要上学的年龄时,爸爸觉得该有个体面的学名才对,便为我取了个挺大众化的名字,可家里人还是"森儿,森儿"地叫。特别是妈妈叫得尤为响亮频繁。

不知为什么,随着年龄的增长,再听到家人唤我小名竟有些不舒服了,好像有一种不被尊重的感觉。终于有一天,我在听到妈妈又一声"森儿"的呼唤后,郑重地对她说:"妈妈,我有大名的,别叫我小名好吗?"然后在妈妈惊愕的表情里走进了自己的房间。

但妈妈终于还是改不了。

那天是我16岁生日聚会,好多同学朋友都跑来了,家里的小客厅里挤得满满的。我一边给大家分发糖果,一边忙不迭地说着谢谢。爸爸妈妈在厨房忙着做饭,当一碟碟香气四溢的精美小菜端上餐桌时,同学萍将送给我的大蛋糕端了上来。我立刻连声称谢着打开了蛋糕盒,我喊道:"妈妈,拿刀来!"

妈妈一边递过来一把瓜刀,一边叮咛:"森儿,小心点儿!"

"咦!你原来叫森儿呀,挺好玩的名字!"

萍欢快地叫着,同时在空中打了一个别致的手势。朋友们也善意地哄笑起来,我的脸刷地红到了耳根。

晚上,临睡觉时,我推开了妈妈的房门。倚着门框,又一次对她说:"妈妈,我不是说过嘛,别叫我小名!"语气里已有了几分不耐烦。妈妈的脸上呈现了一种复杂的表情,看了走进来的爸爸一眼,叹了口气:"对不起!高翔。"可我听出我的名字在她口中却变得十分生硬,似乎很绕口。

没多久,我要离开家到数百里外的一座城市去读书。

不知怎的,妈妈竟在短短的几天内学会了很有味地叫我的大名,而且同以前叫我小名时那样顺口熟练。我自然很高兴。

分别的那一天爸爸妈妈一齐送我去车站,爸爸一直喋喋地叮三嘱四,妈妈则沉默着,显得有些黯然。我大人似的笑笑,反过来抚慰着他们:"放心吧,没事的,我已不是孩子了。"

火车开动的刹那,我从车窗探出头去,同他们挥手告别,一直不言不语的妈妈突然抬起了头,眼里竟有了泪。她紧跑着,挥动起双手,脱口喊了出来——

"写信回来,森儿!"

我稍稍一愣,心里似乎被什么东西猛撞了一下,泪水夺眶而出。

心灵体验　　　一声"森儿"的呼唤中包含了母亲对儿子的浓浓深情。在日常生活中,我们经常听到父母叫唤着我们的小名。"小名"不光是"小名"的本身,它是母亲情感的自然流露,是母爱的一种表达方式。拒绝"小名",也是在拒绝母亲的爱。当火车开动的刹那,我终于明白了。

放飞思维　　　1.你对父母当着外人的面称呼你的昵称,有什么想法?

2.第2段中,妈妈为何在"惊愕的表情里走进了自己的房间"?试想一想妈妈当时的心理活动。

3.第13段中妈妈已学会了很有味地叫我的大名,为何临别时脱口而出的却是"森儿"?

我矮小，我美丽

◆ 王兆刚

> 记得一本书上曾说过这样的一句话：矮小与丑陋都不是自己的错，重要的是应该对生活永远存一份感激之心。因此我经常大声地对自己说："我矮小，我美丽！我美丽，我自豪！"

就像上帝故意欺负我似的，从小我就比同龄的孩子矮半截。刚上初三，就有男同学称我为根号2小姐(根号2约等于1.414)。

不得不承认，在很长的一段时间里，自卑、懦弱的影子总是笼罩着我。我不想参加班里的集体活动，也没有人愿意做我的知己朋友，我感到孤独、压抑和寂寞。直到班主任老师送给我《简·爱》中的一句话，我的生活才改变了模样。那句话是这样说的："你以为我贫穷、卑微、瘦小，我就没有灵魂，没有心吗？你想错了……"

因为矮小，每天早晨我都先于别人来到教室，替值日生扫净地面，整理好桌椅，然后大声读书。对于每一节课的内容，我都精心听记，认真复习。我把课本当成最好的朋友，从中寻找快乐。因此，我试卷上的成绩常叫人眼红，我得到的奖状也总比别人多。一次，有个同学问我：你哪来那么大的劲头呢？我说：别人可以忽略我的存在，我怎么能再忽略自己！

因为矮小，我从不为没有一头乌黑亮丽的长发而苦恼；也不用担心有男生的"纸条"来干扰我平静的生活。我不像有的女孩子努力追求前卫、新潮、扮酷，我崇尚朴素、自然、本真；我不可以模仿谁，我有我的个性，我就是我。

因为矮小，我常独自漫步于我所喜爱的地方：铺满月华的操场，清清河水的岸边，松软青葱的草坪……我喜欢在心中与那些美丽的景色对话，它们引导我感受生活的诗意和美好。

因为矮小，我能陪一盏孤灯到深夜，摊开令我痴迷的《飘》、《简·爱》、《名人传》、《与生命的对话》……让我的思想在那些或轻灵飘逸或深刻隽永的字里行间流连忘返。像是一个极度口渴的人遇到一眼又一眼清冽的甘泉，它们给我以涵养，赐我以力量，我的内心日渐充实。

因为矮小，我让手中的笔耕耘不停，描绘大千世界的五彩缤纷，记录成长过程的酸甜苦辣，小到一花一草，大到国家大事，都被融入笔端。我已有多篇文章发表在不同的报刊上，有的还获得了大奖。在学校的表彰会上，校长拍着我的肩膀说：

你是我们学校的骄傲!记得一本书上曾说过这样的一句话:矮小与丑陋都不是自己的错,重要的是应该对生活永远存一份感激之心。因此我经常大声地对自己说:"我矮小,我美丽! 我美丽,我自豪! "

心灵体验

因为我矮小,才痴迷于《飘》、《简爱》、《名人传》、《与生命的对话》……它们给我以涵养,让我日渐充实。因为我矮小,才会有手中的笔耕耘不停,让五彩缤纷的世界都融入我的笔端。是啊,矮小与丑陋都不是自己的错! 重要的是应该对生活永远存一份感激之心。

放飞思维

1. 作者认为从矮小到美丽中间其实是有着一个过程的,你认为呢?

2. 读书的感觉真好:"像是一个极度口渴的人遇到一眼又一眼清洌的甘泉,它们给我以涵养,赐我以力量,我的内心日渐充实。"你也有过这样的体会吗?

感 谢 童 年

◆涂晓媞

妈妈回来时, 见满脸满嘴漆黑的我正挑最糊的饼往口里送呢。见到亲人,再也禁不住满肚子的恐惧与委屈,扑到妈妈的怀里,我"哇"地一声大哭起来。

小时候,一直梦想着能有一个会动的玩具,那种上了发条之后能驶出很远的小汽车,哪怕很小很小。可是始终没有。惟一能动的玩具是爸的学生给我逮的一只小老鼠,灰灰的、怯怯的,一副惹人怜爱的样子,我给它尾巴上系条绳,便牵着它满地乱跑,那兴奋的感觉着实让我快乐了很长时间。

上学后,是从不敢奢望父母接送的。那时,我们的学校在山上,每天必须早早地爬起来就走,尤其是下雪天,天刚蒙蒙亮就得深一脚浅一脚举步于寒风中了。

山上的梯磴是人工开凿的，走得次数多了，便成了一个光亮亮、白晃晃的雪坡，如公园里的滑梯，我穿着又笨又重的大棉袄总是爬了几磴便溜下来，擤擤鼻涕，跺跺冻僵的双脚，小心翼翼贴着边再上，又滑下来，再上……满脸泪水地出现在教室门口。

生活的艰辛使忙碌的父母很少顾及到我，便渐渐学会了照顾自己，照顾亲人。最让我难忘的是第一次做饭的恐慌与自豪。那是我 7 岁上一年级的时候，一天放学回家见父母还没有回家，天已经黑了，于是决定动手做一顿丰富的晚餐给他们一个惊喜。擀了几张薄薄的饼，然后学着妈妈的样子点火，放上油纸、劈柴、煤块，程序没错，可火就是烧不起来，烟呛得人又流眼泪又咳嗽，我一遍一遍地重复着同样动作，终于那可亲可爱的火苗出现了。放上锅，倒油开始烙饼，火是愈燃愈旺，糊饼是越烙越多，待再往锅里添油，烧红的锅底"呼"地一声蹿起了一尺多高的火舌，出于本能的反应，我慌忙舀了一瓢水浇上去，没想到，火焰更加猛烈起来。张牙舞爪的火舌似乎要把眼前这个目瞪口呆的小姑娘给吞掉。来不及害怕，我凶狠地拽过盛水的大盆扣在了炉子上……妈妈回来时，见满脸满嘴漆黑的我正挑最糊的饼往口里送呢。见到亲人，再也禁不住满肚子的恐惧与委屈，扑到妈妈的怀里，我"哇"地一声大哭起来。

回想起来，也很感谢童年。正是那时的困苦与磨炼才使我养成了从不依赖别人的心理。困难面前，害怕没有用，哭泣没有用。与其等待，不如拿定主意，依靠自己的力量渡过难关。

心灵体验

童年的记忆是一个百宝箱，欢乐也好，烦恼也罢，都是岁月赐予的宝贵财富。它是每个人一生的最爱，珍藏在心间，如奔涌的泉，如陈年的酒，如清香的茶。

放飞思维

1.作者的童年有哪些难忘的经历？他为什么要感谢童年？

2.见到妈妈我为什么会大哭起来？

3.你的童年经历是这样的吗？回忆一下与同学谈谈你对童年生活的感受？

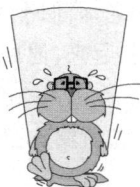

位置给你留着呢

◆王晓莉

回来的路上，郭子这个有点儿玩世不恭的小子什么也没说。奇怪的是，从此以后，他上课再也没有迟到过。

郭子是我的大学同学，人很聪明，但并不是一个听话的学生。记得那时候，他对英语十分排斥，怎么也学不进去。自然他对英语课也就喜欢不起来，常常要迟到。但他每次只迟到几分钟，而且总装出一副气喘吁吁的样子，老师也就不太好批评他了。后来他得寸进尺，有时甚至学了嬉皮样，一手托着墨水瓶，一手夹书大摇大摆走进教室，派头比谁都大，全班同学常被他逗得哄堂大笑。老师往往要等两三分钟，才能有开始授课的那种气氛。

令我们奇怪的是，面对郭子这样的调皮捣蛋鬼，英语老师一次也没有发过火。他总是摸摸自己开始秃的头顶，眨着一双带笑意的眼睛，对站在教室门口的郭子说："请进来。"他的语气就像约会中对一个晚到的朋友那样充满了宽容，没有一丝怒气或责备。

郭子就走进来，他总是坐到第一排第一个座位，因为那里离门口最近，出去进来都十分方便。久而久之，那里就成了郭子的"专座"，我们都不去坐它。

不久就听说英语要实行考级了。过不了关的人，连毕业证也拿不到。我们的英语课一下子多了很多外班来选修的同学。课堂上开始人满为患，稍微来晚的人，根本找不到位置，只好自带凳子听课。

有一天上课铃声响了，郭子又没来，一个外班女生走到了第一排第一个座位前，同时把她带的凳子放在一边。

我们都盯着郭子的"专座"，为它即将不"专"而担心，其实是等着看郭子到时候闹笑话。

这时英语老师突然对那个女生发话说："这个位置有人的。你带了凳子，就请把位置让出来好吗？"

显然他是给郭子留的。这样的老师，似乎太懦弱可欺了。

课开始了，郭子在门口探头探脑起来，他见教室满满当当的，估计不会有他的位置了，就转过了身，准备离开。

英语老师早看见他，说："郭子，位置给你留着呢。"

郭子愣了一下。第一次,他有点儿不好意思地走过来。

回来的路上,郭子这个有点儿玩世不恭的小子什么也没说。奇怪的是,从此以后,他上课再也没有迟到过。

"位置给你留着呢。"多年以后,我相信,是这句话起了作用。就像心理学家观察病人而后开出了最佳药方一样,我们的英语老师开出了一剂宽容与耐心的良方。在他的心上每一个学生都有一个最适当的位置。

心灵体验

孩子的心是纯洁无瑕的,或许它一时会被灰尘所蒙蔽,但是,我们可以用我们的宽容和耐心还有一份执著的信任,把心灵上的灰尘拂去,让它们重新澄清如镜。多一份宽容、耐心和信任,你会发现回报给我们的东西是那么令人欣慰。

放飞思维

1.文章对郭子的调皮捣蛋样进行描写有什么目的,在文中起什么作用?

2.你同意作者认为老师这样做是懦弱可欺吗?

3.一句"位置给你留着呢"给了郭子怎样的影响?

青涩岁月里的蝴蝶胸针

◆青衣江

尤金妮娅很快就恢复了她的微笑,她摸了摸蝴蝶胸针,然后将拇指和食指捏在一起朝空中扬了扬,对大家笑着说:"蚂蚁怎么爬到我的胸针上来了,乔塞,谢谢你帮我捉掉了一只,你没发现还有一只吗?"

那时候,我在英国一个名叫马斯福德的小镇上读书,只有13岁,是诗人们所说的那种青苹果般甜蜜却带着一丝淡淡涩味的年纪。我凶狠好斗、桀骜不驯,成绩自然是班上的倒数第一了。我之所以如此顽劣是有原因的:我的父亲是一位海员,在一次远航时遭遇风暴掉进了惊涛骇浪中,连尸首都没有捞到;我的母亲则抛下我和妹妹奥德丽到利物浦找她的情人去了。我和奥德丽与祖父相依为命，因为缺乏管教，我经常逃学旷课东游西荡；为了不受人欺负，我模仿电视中拳王阿里的样子，每天早晨在沙包上苦练拳头。我信奉一条不记得从哪本书上看来的真理：要想自己不害怕别人，就必须让别人害怕自己！

老师都拿我非常头疼，当然，他们也不会去关心一个失去父母的孩子需要怎样的温暖。我在老师的眼里是愚蠢的小丑，将来注定是没有出息的坏蛋。我习惯了老师的奚落和同学的嘲讽，我也承认自己是一个不可救药的家伙。但是，只要一有机会我就会报复得罪过我的人，那个肥得像只企鹅的物理老师就被我躲在树林里用西红柿砸烂了眼镜。还有，镇长的儿子海勒姆，有一次竟敢骂我妹妹，被我用皮鞋敲破了额头。

那个学期，一位叫尤金妮娅的新老师到我们班来教音乐。她身材窈窕、漂亮迷人，我敢说我们班上的每一个男生都在暗恋她。当然也包括我。尤金妮娅常常坐在钢琴前弹唱苏格兰抒情民歌，我认为那是我曾经听过的世界上最美妙的音乐，就像天使唱的一般，比教堂里的赞美诗还要动人一百倍！尤金妮娅从不歧视差生，她不像有的老师那样上课提问总叫那些成绩好的学生，我就被她叫起来唱过一首《马儿在雪地里奔跑》。"简直棒极了，乔塞，你真的很有音乐天赋，说不定你长大后会成为又一个列农（一位著名的摇滚歌手）的！"尤金妮娅由衷地赞叹道。这时候，教室里传来一片唧唧喳喳的议论声，同学们似乎不满老师对我这个"大笨蛋"的表扬。尤金妮娅有些生气，说："你们等着瞧吧，乔塞一定会在音乐上取得杰出成绩的！"

从此以后，每逢上音乐课，尤金妮娅总是叫我领唱。同学们由开始不服我慢慢地习惯了，我教他们唱会了《欢快的雪橇加游击队长》和《三个美丽的小公主》等一大批脍炙人口的歌曲，当然，事先尤金妮娅总是在办公室里叫我跟着她把这些歌唱上几遍。我的自信心渐渐地树立起来了，不管上什么课都很少捣蛋，同学们看我的眼神也不再充满鄙视。圣诞节那天，我竟然收到了 5 张贺卡，其中还有两张是女孩子送的！

我狂热地爱上了尤金妮娅，尽管她比我大了至少 10 岁，我仍幻想有朝一日把她娶回家来，像王子迎娶公主那样用一架漂亮的水晶马车。我还开始阅读拜伦和雪莱的情诗，并把它们工工整整地抄下来。我打算抄到 100 首时就把情诗寄给尤金妮娅。

13 岁的孩子已经有了青春躁动，对性充满了神秘和好奇。我喜欢偷偷地盯着尤金妮娅丰满的胸部。有一次，我的异常举动被她发现了，她走过来问我："乔塞，你在看什么呢？"我的脸一下子涨通红，我撒谎说我在看她胸前别着的那枚蝴蝶状胸针。"哦，那是我母亲送的，很漂亮，是吗？"她微笑着问。我忙不迭地点头。

夏天的最后一节音乐课，尤金妮娅要我们默写五线谱。10 分钟后，尤金妮娅叫我走上前和她一起给学生记分。那天她穿着一件低领开口的衬衣,蝴蝶胸针就别在让我心惊肉跳的部位。起初我还能够认真地记分,但很快我就心不在焉起来。尤金妮娅的两只胳膊都伏在讲台上,整个雪白的胸部通过低低的领口全暴露在我的眼前,我开始了很没有道德的偷窥。我是如此痴迷,以至于忘记了这是在课堂上,尤其要命的是讲台下还有几十双眼睛在看着我们,而且我的右手甚至不由自主地伸向她的胸部。教室里突然涌起了一阵骚动,有人开始阴阳怪气地吹口哨,但该死的我竟然没有听见!

尤金妮娅条件反射地握住了我已经触摸到她胸部的手,我看见她的眼里有一丝诧异也有一丝愤怒。刹那间,我醒悟了过来,触电似的抽出手,羞愧得无地自容。尤金妮娅很快就恢复了她的微笑,她摸了摸蝴蝶胸针,然后将拇指和食指捏在一起朝空中扬了扬,对大家笑着说:"蚂蚁怎么爬到我的胸针上来了,乔塞,谢谢你帮我捉掉了一只,你没发现还有一只吗?"教室里的骚动顿时平息了,同学们都以为是真的,他们根本看不清老师的手里其实什么也没有!

上完这一节音乐课后,我再也没有看见尤金妮娅,据说她到伦敦的一所贵族中学任教去了。尤金妮娅走的那天,许多学生都去送她,但是我因为心虚没有去。令我吃惊的和欣喜的是,尤金妮娅托一位女孩转交给我一个包裹,里面是几本讲述青春期生理健康的书,还有一封信——

亲爱的乔塞:

你是我教过的最聪明的学生之一!当我知道你的不幸身世以后,我就下决心帮你重新树立起奋斗的信心,你没有让我失望,我很满意。那天,你有一个很傻的举动,不过这并不要紧,青春懵懂的时候谁都可能犯错误,我知道你并没有邪念,但是,你应该好好读一读我送给你的这几本书。尊严无价!一个优秀的老师应该懂得如何体面地维护一个少年的自尊,而不是粗暴地摧毁它,因为尊严是使我们充满信心,笑对生活的强大动力。另外,我将那枚蝴蝶胸针送给你,希望你能喜欢。

你永远的尤金妮娅!

我翻开包裹里的一本书,那枚美丽的蝴蝶胸针赫然在目!

很多年后,我终于没有辜负尤金妮娅的期望,成了一名作曲家。我创作的《青涩岁月里的蝴蝶胸针》连续数周在流行音乐榜上排名第一,许多少男少女听后都流泪了,因为它讲述的是一个真实的故事,那就是青春的尊严永远无价。

心灵体验

音乐老师尤金妮娅不仅漂亮迷人,而且懂得如何体面地维护一个少年的自尊,而不是粗暴地摧毁它。因为尊严是使他们充满信心,笑对生活的强大动力。

青涩岁月里的蝴蝶胸针,在无声倾诉:青春的尊严永远无价,让我们用心守护。

放飞思维

1.音乐老师是怎样帮助"我"树立信心的?你认为尤金妮娅具有哪些优秀品质?

2.你如何理解"青春的尊严永远无价"?

3.十几岁是个不羁的年龄、危险的年龄。你希望自己在这个关键的时期能碰到什么样的老师?并对你心中喜欢的老师进行评价。

在那颗星子下
——记我的中学生代

◆舒 婷

> 我哭过、恼过,在学校的合唱队领唱过,在恶作剧之后笑得喘不过气来。等我进入中年回想这种种,却有一件小事,像一只小铃,轻轻然而分外清晰地在记忆中摇响。

母校的门口是一条笔直的柏油马路,两旁凤凰木夹荫。夏天,海风捎下许多花瓣,让人不忍一步步踩下。我的中学时代就是笼在这一片花雨红殷殷的梦中。

我哭过、恼过,在学校的合唱队领唱过,在恶作剧之后笑得喘不过气来。等我进入中年回想这种种,却有一件小事,像一只小铃,轻轻然而分外清晰地在记忆中摇响。

初一那年,我们有那么多学科,只要把功课表上所有的课程加起来就够吓人的,有11门课,当然,包括体育和周会。仅那个崩开线的大书包,就把我们勒得跟登山运动员那样善于负重。我私下又加了近10门课:看电影、读小说、钓鱼、上树……我自己也不知道，究竟是把读书当玩了，还是把玩当做读书。

学校规定，除了周末晚上，学生们不许看电影。老师们要以身作则，所以我每次大摇大摆屡屡犯规，都没有被当场逮住。

英语学期考试前夕，是星期天晚上，我串了另外三个女同学去看当时极轰动的《五朵金花》。我们咂着冰棍儿东张西望，一望望见了我们的英语老师和她的男朋友。他们在找座位。我努力想推测她看见了我们没有，因为她的脸那么红，红得那么好看，她身后的那位男老师(毫无根据地，我认定他也教英语)比我们的班主任辜老师长得还神气。

电影还没散场，我身边的三个座位一个接一个空了。我的三个"同谋犯"或者由于考试的威胁，或者良心的谴责，把决心坚持到底的我撂在一片惴惴然的黑暗之中。

在出口处，我和林老师悄悄对望了一眼。我撮起嘴唇，学吹一支电影里的小曲(其实我根本不会吹口哨，多少年苦练终是无用)。在那一瞬间，我觉得她一定觉得歉疚。为了寻找一条理由，她挽起他的手，走入人流中。

第二天我一觉醒来，天已大亮。老外婆舍不得开电灯，守着一盏捻小了的油灯打瞌睡，却不忍叫醒我起来早读。我跌足大呼，只好一路长跑，幸好离上课时间还有10分钟。

翻开书，眼前像骑自行车在最拥挤的中山路，脑子立即作出判断，哪儿人多，哪儿有空当可以穿行，自然而然有了选择。我先复习状语、定语、谓语这些最枯燥的难点，然后是背单词，上课铃响了，b—e—a—u—t—i—f—u—l，beautiful，美丽的。"起立！""坐下！"赶快，再背一个。老师讲话都没听见，全班至少有一半人嘴里像我一样咕噜咕噜。

考卷发下来，我发疯似的赶着写，趁刚才从书上复印到脑子的字母还新鲜，把它们像活泼的鸭群全撵到纸上去。这期间，林老师在我身旁走动的次数比往常多，停留的时间似乎格外长。以至我和她，说不准谁先抗不住，就那样背过气去。

成绩发下来，你猜多少分？113分，真的，附加两题，每题10分，我全做出来了，虽然beautiful这个单字还是错了，被狠狠地扣了7分，从此我也把这个叛逃的单字狠狠揪住了。

那一天，别提走路时我的膝盖抬得有多高。

慢！

过几天是考后评卷，我那林老师先把我一通夸，然后要我到黑板示范，只答一题，我便像根木桩戳在讲台边不动了。她微笑着，惊讶地，仿佛真不明白似的，在50双眼睛前面，把我刚刚得了全班第一名的考卷，重新逐条考过，你猜，重打的分数是多少？47分。

课后，林老师来教室门口等我，递给我成绩单，英语一栏上，仍然是叫人不敢正视的"优"。

她先说："你的强记能力，连我也自叹不如。以前，我在这一方面也是很受我的老师称赞的。"沉默了一会儿，只听见一群相思鸟在教室外的老榕树上幸灾乐祸。她又说：

"要是你总是这么糟蹋它，有一天，它也会疲累的。那时，你的脑子里还剩下些什么？"

还是那条林阴道，老师纤细的手沉甸甸地搁在我瘦小的肩上。她送我到公园那个拐弯处，我不禁回头深深望望了她一眼。星子正从她的身后川流成为夜空，最后她自己也成为一颗最亮的星星，在记忆的银河中，我的老师。

心灵体验

淡淡的往事，淡淡的回忆，却成为作者脑海中永恒的星座。那个如星子一般纯真、一般闪亮的年轻老师，也深深地印在了每一位读者的记忆中。在银河中，你是否也有这样一颗星呢？

放飞思维

1. 作者记叙了一件什么小事，为什么作者记忆得分外清晰？
2. 文章的结尾有怎样的喻义？
3. 在你考试的经历中，是否也有相似的一幕呢？那么文中老师的一段话对你有何启示？

那 个 孩 子

◆朱 萍

孩子好像第一次开窍似的明白,同学对父亲的尊重来自他对父亲的尊重。望着相依相守的父母,他心里涌起了一股怜悯和抱歉还有杂七杂八包含在一起的感情,这种感情使他在深夜掉下了眼泪。

曾经有个孩子,看不起自己的父母。父母都是很平常的工人,没有显赫的地位。小小的孩子总爱做梦,常常会梦见自己的父母是市长或是明星,醒来后孩子就很懊悔,为什么自己会生长在如此平凡的家庭呢?父母哪怕是一家医院的医生或是一所学校的老师也好啊,在这个社会,即使那么小的孩子,也懂得"势利"两个字。于是孩子很努力很努力地读书,他知道"万般皆下品,惟有读书高"。果然,孩子很有出息,考上了外地的一家名牌大学。

孩子的父母很高兴,他们住的条件并不好,厨房是公用的。孩子早晨醒来,听见母亲和邻居拉家常,嗓门很高很大,充满着喜悦和激动,说孩子如何如何有出息。孩子很烦,他忽然感到这个家的狭窄,还有粗鲁。在纺织厂工作的母亲从来都是大嗓门,在孩子的耳中,却是那样的粗鲁。他心头火起,冲到厨房,大声对母亲说:"你怎么这么烦?"母亲正在炒菜的手一下子停住僵在了那儿,邻居也呆住了。孩子发过火以后又回到了房里,心里也不是滋味。母亲好像一如往常地炒菜,但静静的,再没有声音了。每一个动作都好像定格似的,说不出的滞重。这一刻,孩子很后悔自己对母亲的态度。但他是个沉默的孩子,他从来不会说抱歉的话。

后来孩子的父母就要送孩子上火车去外地了。孩子本来不要父母送的,他已经和几个同学约好了同去。但或许是因为那一次他对母亲莫名其妙地发火以后,心里总有歉疚,他便同意父母和他同去了。

父母好像得到什么恩赐一样,非常兴奋和高兴。但他们不敢把这种高兴和兴奋在孩子面前表现出来,他们很小心,只在边上听孩子和同学高谈阔论,不插一句嘴,生怕惹笑话,让孩子没面子。父亲承担了泡水的任务,这些同学的茶杯都是他给装满水的。他好像很乐意做这个,一趟趟地跑开水房。几个同学开始过意不去,后来就无所谓了。孩子本来也无所谓,但他看到他的同学后来以一种略带些轻慢的口气和父亲说话,就有一种说不清的感觉。有些愤怒,有些酸,还有一些……大概是来自血缘的天然亲密,让他觉得自己受到侮辱似的。在下一个同学让父亲去开水房时,他很坚决地看着那个同学的眼睛,冷冷地说:"你自己去。"那个同学怔了一怔,嘴里咕哝了些什么,父亲看有些僵,就很热情地说:"我来我来。""不,让他去,他有手有脚,为什么不去?"孩子一点儿都不让步。那个同学便自己去了。在后来的旅程中,孩子还和同学一起打牌吹牛,他父亲还为同学打来开水,但这些同学变得很客气了。孩子好像第一次开窍似的明白,同学对父亲的尊重来自他对父亲的尊重。望着相依相守的父母,他心里涌起了一股怜悯和抱歉还有杂七杂八包含在一起的感情,这种感情使他在深夜掉下了眼泪。

到了学校,父母很起劲儿地帮他报名找宿舍。他又觉得他们烦了,说了他们几句。他们也不回嘴,但还是很起劲儿地跑前跑后。到了宿舍,父亲为他挂帐子,把那张床量了又量,孩子觉得烦,还有些害羞,好像他是不懂事的小孩子似的。母亲说:"这床没有护栏,你晚上会不会摔下来啊?"他觉得这个问题很可笑,便不回答。母亲又说:"你翻身小心些啊,你小时候曾经从床上滚下来过,把我吓死了。但你是个馋嘴的孩子,看见手里还捏着吃的,便哭都不哭了。你看,你小时候多么馋。"说着,母亲笑了,好像孩子还是一个婴儿,一个白白胖胖馋嘴的婴儿。孩子那一刻心变得很软,他想在他那样小的时候,必定很依恋父母,会笑着往父母怀里钻,而不是像现在一样嫌这嫌那的。他的父母那时必定还很年轻,有乌黑的头发和活泼的笑,他看了看他母亲掺着银丝的头发,心更加软了。便说:"我会当心的,我不会掉下来的。"母亲好像就等他这句话似的,神情一下子放松了。其实孩子不过是个敷衍的承诺,可见父母亲有时也像孩子一样。

孩子让他父母去招待所住。父母嫌贵,说不远的一个地下室很便宜,才4块钱一张床。孩子不让他们去,一定要他们去住招待所。最后发了火,他们才很不情愿地去住了。

第二天母亲告诉孩子,那个招待所里有热水洗澡,无限量供应。"我和你爸都洗得很舒服。好久没洗过这么舒服的澡了。"母亲的表情很舒畅。父亲却很紧张地告诉孩子,说听同住的其他学生家长说了,食堂平常饭菜很差的,"你千万不要省啊,"父亲说,"人是铁饭是钢,你吃不惯就到外面去吃,不要心疼钱,知道吧?"孩子答应了,父母就有些放心有些不放心地乘火车回去了。

晚上新生们闹了一阵儿,便睡了。孩子却无论如何睡不着。他想洗了一个热水澡便如此快活的母亲,想殷殷关照他的父亲。孩子的家庭条件不太好,孩子的身体也不太好。父母平时都很节俭,父亲还时不时去外地的乡办厂帮着做一些技术指导什么的,有时也是赔着笑脸求人弄来的活。他们是那样那样平常,但是这世上最爱他的就是这两个人。他是他们的骨中骨,肉中肉,这世上还有谁会这样贴心贴肺地爱他呢?甚至忍受他的不耐烦、冷淡,而全心全意地爱他?他想像、崇拜的那些人物,什么明星啊、市长啊,甚至医生啊、工程师啊,他在他们眼里是什么呢？什么都不是。一粒尘埃，一颗沙子。但他小人物的父母，那般那般地爱他，爱得那样深。

孩子又哭了，哭得好伤心，泪水甚至濡湿了半个枕头。

后来这个孩子长大了，工作了，工作还算努力，有了一点儿成绩。他知道，他的这些成绩一半是给父母的，让父母可以骄傲。但这个孩子表面上对父母还是淡淡的，偶尔的关心也是粗着嗓门的。但这个孩子心里很爱他的父母。那种爱，或许与生俱来藏在心底，只是那个夏日方才浮出海面。至少，他自己心里明白了。

那个孩子是他，是你，是我。

心灵体验　这是一篇真正用心写成的文章，充满了深挚的情感。文章用朴素的语言、细腻的手法塑造了一个沉默但异常敏感的孩子对待父母由看不起到歉疚到怜悯到爱的心路历程，读后让我们的心灵感到震撼。尤其是文末"那个孩子是他，是你，是我"一句更能给读者无尽的回味。

放飞思维　1.你怎样理解"同学对父亲的尊重来自他对父亲的尊重"这句话？

2.到学校后，孩子是从哪些地方感受到父母的爱的？此时，孩子有什么样的感受？

3."那个孩子是他，是你，是我。"这句话有什么深刻意义？

妈妈最爱谁

◆[爱尔兰]费兰克·奥克拉

> 直到这个时候我才认识到原来他也心怀嫉妒。妈妈穿着睡衣站在那儿，好像她的心在我们之间被撕碎了。

整个一战期间，父亲都在部队服役，所以直到5岁我都不常见到他。偶尔，有时我醒来，会发现一个穿卡叽布军装的大个子在烛光中看着我，而一大早我就听到前门砰的一声关上了，随后就是上了铁钉的长统靴踩在鹅卵石上发出的咔嚓声。这就是父亲当时来去的情景，就像圣诞老人一样神秘极了。

那时，我很喜欢他的来访。他抽烟，因而身上散发着一种叫人愉快的味道；他刮胡子的样子在我看来也极有趣。他每次回来都要留下一些纪念品，比如坦克模型啦，用子弹盒做柄的廓尔卡(尼泊尔的主要居民)刀啦，德国钢盔啦，帽徽啦，纽扣棒啦，还有各种军用设备，说不准它们有朝一日会派上用场。

战争期间是我生活中最宁静的一段时间。我住的阁楼窗子朝东南方向。妈妈为我拉了窗帘，但没多大用处，我总是在第一道光线射进来时就醒了，顿时我感到前一天的所有负担都消融了，自己简直就像一个太阳，随时准备去照亮世界。生活从来没有像那个时候那样单纯、明澈。

一天早上，我又来到大床上，父亲又像圣诞老人似的来了。可是后来，他不穿制服了，而是穿上了他最好的蓝西服，妈妈高兴得不得了。我可看不出有什么值得高兴的，因为爸爸脱下制服后，整个儿地变得索然无味了。可妈妈一个劲儿地高兴，说我们没有白白祈祷，感谢上帝让爸爸平安回家了。

就在那一天爸爸进屋吃晚餐的时候，他脱下了长统靴，穿上拖鞋，戴上他在户外防寒的那顶又脏又旧的帽子，并且开始很忧郁地同妈妈讲话，妈妈这时看起来也很焦虑。自然，我不喜欢她那焦虑的样子，因为这会破坏她好看的容貌，所以我就故意打断她的话。

"给我安静点儿，拉里!"妈妈不耐烦地说，"没听见我在跟爸爸讲话吗？"

这可是我头一回听妈妈说这种具有威胁性的话。

"你为什么要跟爸爸讲话?"我尽可能用漠不关心的口气问。

"因为我和爸爸有事情要商量。听着，你再也不许打岔了。"

那天下午，爸爸应妈妈的要求带我到镇上去散步。爸爸和我对散步有着截然不同的想法。他对电车呀，轮船呀，马呀竟毫无兴趣，惟一使他高兴的是跟与他年纪差不多的人谈话。我想停下来的时候，他只管朝前走，抓着我的手，让我紧跟在后面；而当他想停下来的时候，我别无选择，只好停下来。我注意到他每次靠在墙上时，似乎就表明他要多歇一会儿了。第二次又看到他要靠墙时，我简直气坏了。他那样子似乎就要永远安顿在那儿似的。我故意拽他的外套和裤子，可是他却有种超常的好脾气，根本不理会你的纠缠。我掂量了一下，是不是应该哭呢，可他太冷淡了，不可能被我的哭声所动。跟他散步简直就像在跟一座山散步一样!

喝茶的时候，"跟爸爸的讲话"又开始了，这次讲话更复杂了：他拿了一份晚报，每隔几分钟，他就要把报纸放下来，告诉妈妈报上的新闻。我觉得这是个令人生厌的游戏。作为一个和他一样的男人，我准备同他竞争，来争取妈妈的注意。可是当他把大家的注意力都吸引到他那儿去的时候，我试图想改变话题，却没成功。

"拉里,爸爸读报时你得安静点儿。"妈妈不耐烦地说。

很清楚,她要么是真心更喜欢跟爸爸谈话,而不喜欢跟我谈话,要么是爸爸对她有着某种严格的控制,使她不敢承认实情。

"妈咪,"那天晚上她为我盖被子的时候我问她,"你说如果我使劲祈祷,上帝会不会把爸爸送回战场去?"

"不,亲爱的,"她微笑道,"我认为不会的。"

"为什么不会,妈咪?"

"因为再也没有战争了,亲爱的。"

我对此有些失望。我开始认为上帝并不像人们所认为的那样无所不能。

第二天早上我像往常一样早早地醒了,我跌跌绊绊地走进隔壁房间,在半明半暗中爬上了那张大床。妈妈那一边已没有空间,我只好插进爸爸和妈妈之间。有几分钟,我直挺挺地坐在那儿,使劲想我怎样才能对付他。他把床上的位置占得太多了,我睡得很不舒服。我踢了他几下,他哼了哼又伸了一下胳膊腿,好歹让出点位置。妈妈醒了,摸到了我,我把大拇指放进嘴里,舒舒服服地钻进了温暖的被子。

"妈咪!"我满足地大声哼道。

"嘘!亲爱的,别吵醒爸爸。"她悄声说。

这又是个新名堂,比"跟爸爸讲话"对我的威胁更为严重。

"为什么?"我认真地问。

"因为你可怜的爸爸很累。"

在我看来这理由并不充分,而且她说"你可怜的爸爸"时的那种多愁善感使我感到厌恶。

"噢!妈咪,你知道我今天想跟你一块到哪儿去吗?"

"不知道,亲爱的。"她叹着气说。

"我想顺峡谷下去,用我的新网钓鲔鱼,然后我想去狐狸和猎犬山,再——"

"别吵醒爸爸!"她生气地制止我,还用手捂着我的嘴。

可是晚了。爸爸醒了,他哼了哼,就伸手找火柴,接着怀疑地盯了盯他的手表。

"亲爱的,要一杯茶吗?"妈妈用压低了的声音问道,听上去好像她害怕他似的。

"茶?"他不耐烦地叫道,"你知道现在几点吗?"

"我想去拉丝库丽路。"我大声地说。

"赶快睡觉,拉里。"妈妈厉声说。

我开始假哭,我没法集中心思。

爸爸什么也没说,点上烟吸起来,既不理妈妈,也不理我。我知道他生气了。我感到不公平,感到受了伤害。以前我每次向妈妈指出我们可以睡在一张床上,用两张床是个浪费,她总是告诉我分床睡要卫生些,可是现在呢,这个人,却和她睡在一起,全然不顾这么做卫生不卫生!

他早早地起床准备了茶,可是他给母亲端了一杯,却没给我准备一杯。

我喊道:"妈咪! 我也要喝茶。"

"好的,亲爱的,"她耐心地说,"你可以从妈妈的茶托上喝呀。"

这才平息了我心中的不满。要么是爸爸,要么是我得离开这个家。我不想喝妈妈的茶,在自己家里,我希望被看做是平等的一员。所以,纯粹是为了刁难她,我把她的茶喝了个精光,一点儿也不给她留。可她却淡然处之。

可就在当天夜里,她把我放在床上时,轻声对我说:"拉里,我希望你答应我一件事。"

"什么事?"我问。

"早上不要到房间里打搅你可怜的爸爸。好不好?"

"为什么呢?"我问。

"因为可怜的爸爸又操心又疲倦,他睡不好。"

"他为什么睡不好,妈咪?"

"你还记得他在战争期间服役时,妈咪从邮局领钱,是不是?"

"从麦卡西小姐那儿领的钱吧?"

"对。可是现在,麦卡西小姐再也没有钱给我们了,所以爸爸得为我们挣些钱来。你知道如果他弄不到钱我们会怎样吗?"

"不知道,告诉我吧。"

"如果他弄不到钱,我想我们得像那位可怜的妇人一样在星期五出去讨钱。我们不愿意这样,对不对?"

"不愿意。"我表示同意她的看法。

"那么你答应不进屋吵爸爸了。"

"答应。"

我真的答应了,我知道钱是个严肃的问题,我非常反感星期五像那个老妇人一样出去乞讨。妈妈把我所有的玩具沿着床放成一个大圆圈,以致我无论从哪里出去,都注定要碰倒在一样玩具上。

接下去的一天早上我醒来时,立刻想起了我的诺言。我爬起来坐在地板上玩了几个小时——在我看来有这么长时间。然后搬了一把椅子,站上去朝小阁楼的窗外看了又是几个小时。我希望父亲醒了,也希望有人给我准备一杯茶。我感到非常冷,十分想钻进那床温暖的大羽绒被里。

我终于忍不住了,走到了隔壁屋里。妈妈旁边仍没有空位子,所以我爬到她身上,她突然惊醒了。

"拉里,"她紧紧抓住我的胳膊,"你昨天是怎么答应的?"

"可是,妈咪,"我哀泣道,"我这么长时间没出声。"

"乖乖,你变坏了!"她抚摸着我的全身,伤心地说,"我让你呆在这儿,能不能答应我不讲话?"

"可是我想讲话,妈咪。"我哭着说。

"那可不行,"她用对我来说很陌生的坚定语气说,"爸爸要睡觉,你懂不懂?"

我太懂了。我想讲话,他想睡觉——这到底是谁的家?

"妈咪,"我以同样坚定的语气说,"我觉得爸爸睡在他自己的床上会更卫生一些。"

这句话似乎使她震惊了一下,因为她有一会儿没吭声。

"现在,我再说一遍,"她又继续说,"要么保持安静,要么回到你的床上去。你选择哪一种?"

这种不公平把我气坏了。我不怀好意地踢了爸爸一脚。这一脚她没注意到,却使他哼了哼,睁开了眼睛。

"几点了?"他惊恐地问,看也不看妈妈,而是看着门,好像在那儿看到了人似的。

"还早呢,"她安慰道,"是小家伙,再睡吧……拉里,"她又补充道,"你把爸爸吵醒了,你得回房间去。"

这一次,从她严肃的表情,我知道她说话是算数的,也明白如果我此时不奋起维护我的权利和优越地位,我就要失去它们了。她把我抱起来的时候,我尖叫一声,足以吵醒死人,更不用说爸爸了。他哼了哼。

"这个鬼东西!他睡不睡觉?"

"只是个习惯,亲爱的。"妈妈轻声说,尽管我也看得出她也烦了。

"那他该改掉这个习惯了。"爸爸吼道。

要开门的时候,妈妈不得不将我放下,我挣脱开,朝最远的角落里冲去,尖声叫起来,爸爸光着身子直挺挺地从床上坐起来。

"住嘴!你这条小狗!"他用压抑着愤怒的声音吼道。

我惊呆了,以前从来就没有人用这种口气对我讲过话。我怀疑地看看他,发现他的脸因愤怒而剧烈地颤动着。

"你住嘴!"我不顾一切地大喊大叫。

"你在说什么?"爸爸猛地从床上跳起来。

"米克,米克!"妈妈哭道,"你没看出孩子不习惯你吗?"

"我看他是喂得好,没教好。"爸爸使劲挥着手臂,咆哮着,"他的屁股想挨巴掌了。"

比起这几句肮脏的话来,刚才的叫喊算不了什么,这几句话使我热血沸腾。

"打你的屁股!"我歇斯底里地叫道,"打你的屁股!住嘴!"

听到这,他再也耐不住了,飞快地朝我扑来。在妈妈惊恐的眼睛下,最后只是轻轻地拍了我一下。我不停地尖叫着,光着脚丫跳着,爸爸只穿一件灰色短军装,显得不知所措,他头发蓬乱,瞪着一双大眼睛盯着我。直到这个时候我才认识到原来他也心怀嫉妒。妈妈穿着睡衣站在那儿,好像她的心在我们之间被撕碎了。

从那天早上起,我的生活便成了地狱。我和父亲成了公开的敌人。我们发生了一系列小冲突,他总是想夺走我和妈妈在一起的时间,我也总想夺走他和妈妈在一起的时间。每当妈妈坐在我的床边给我讲故事时,他就开始找战争开始时留在家里的某双旧皮靴。而在他同妈妈讲话的时候,我就把玩具弄得响响的,显示出我的漠不关心。一天晚上爸爸下班回来时,看见我抱着他的盒子,正在玩他的陆军徽章、廓尔卡刀和纽扣棒,便露出一副可怕的模样。妈妈站起来,从我手里拿过盒子。

"拉里,不经爸爸允许,你不能玩爸爸的玩具,"她严肃地说,"爸爸也不玩你的玩具。"

不知为什么,爸爸看了她一眼,好像她打了他似的,然后面露不悦之色转过脸去。

"这不是玩具,"他又把盒子拿下来,看我是不是拿了什么东西,低声吼道,"有些古董非常少见,而且很值钱。"

可是,随着时间的推移,我越来越看出他是怎样设法离间妈妈和我的。但糟糕的是我掌握不了他的方法,或者说我没有看出他对妈妈的吸引力究竟在哪儿。他在各方面都不如我。他有一副很普通的口音,喝茶的时候发出响声。我有时想,也许是妈妈对报纸感兴趣,于是我就自己编一些新闻读给她听。后来我又想也许是他抽烟引起了她的兴趣,我就偷偷拿着他的烟管躲在房子外面流着口水吸着,直到他把我抓住为止。我甚至学着他的样,喝茶时发出响声,可妈妈却说我讨厌。这一切似乎表明问题的关键在于那种睡在一起的不卫生的习惯,所以我认为有必要溜进他们的卧室侦探一番。可我并没有发现他们干什么事情。我最终失败了。看样子这一切都将有赖于我长大成人,我明白我得等待。

同时我希望爸爸明白我只是在等待,并没有放弃竞争。一天晚上,当他在我头顶上特别令人讨厌地喋喋不休时,我立刻打断他的话说:

"妈咪,你知道我长大了想干什么吗?"

"不知道,亲爱的,想干什么?"

"我想娶你。"我静静地说。

爸爸哄地一声笑了,而妈妈呢,不管怎样,都感到很高兴。我感觉她也许是因为知道有一天爸爸对她的控制终将被打破而感到快慰。

"那不是很好吗?"她微笑道。

"非常好,"我自信地说,"因为我们会有好多好多小孩。"

"对的,乖乖,"她平静地说,"我想很快就会有个小孩,你就会有伙伴了。"

对此我高兴得不得了,因为这表明,尽管她眼下屈服于爸爸,可她还是考虑了我的希望。

尽管后来的结果并非那样。首先,她变得十分忙乱,她不再带我散步,还无缘无故地打我。有时我真希望我没有提到过那个令人讨厌的小孩——我好像有种给自己带来灾难的天才。

真正的灾难!索里在一阵可怕的吵闹中降生了——从一开始我就不喜欢他。他是个难对付的小孩。他要求太多的关照。妈妈在对他的问题上十分愚蠢,竟看不出他有时只是在炫耀。作为伙伴,索里糟糕透顶,他成天睡觉,为了不吵醒他,我在屋里走动时不得不踮着脚尖。现在不再是不要吵醒爸爸的问题了。现在的口号是"不要吵醒索里"。我不懂这小孩为什么不在适当的时候睡觉,所以妈妈一转身,我就把他弄醒。有时为了让他醒着,我也捏他一下。有一次被妈妈发现,她狠狠地训了我一顿。

一天晚上,爸爸下班回来时,我正在屋前花园里玩火车。我装作没看见他,并且假装自言自语地大声说:"如果再有一个血糊糊的小孩来到家里,我就走。"

爸爸惊呆了,转头望着我。

"你在说什么?"他严厉地问。

"我是在跟我自己讲话。"我回答。

他一句话没说,转身走了。告诉你,我就是要把这句话作为一个严重警告,可是其效果却与我设想的大相径庭。父亲又开始对我非常好了。我当然明白他为什么这样做。妈妈对索里的做法让人厌恶。甚至在吃饭的时候,她也要站起来朝摇篮里的他傻笑,还要求爸爸也这么做。对此爸爸总是很客气,但是他显得十分不解,你可以看出他不明白她在说什么。他抱怨索里夜间哭闹,可她很生气,说索里没事的时候绝不哭闹——这真是天大的谎言,因为索里从来没事,只是想用哭来引起大人的注意。看到她头脑如此简单真是痛苦。爸爸虽无魅力，但他智力很好。他看穿了索里，现在他知道我也看穿了索里。

一天夜里，我突然惊醒了，我床上有个人。有那么一刻我满有把握地认为是妈妈恢复了理智，不管爸爸了，可是这时我却听到索里在隔壁房间里大哭大闹，妈妈在说："乖！乖！乖！"我这才知道身边不是她，而是爸爸。他躺在我身边，完全醒着，粗重地出着气。

过了一会儿我才明白他为什么生气了。现在轮到他气了。把我挤出大床之后，他自己也被挤出来了。妈妈现在除了可恶的小索里之外谁也不关心。我禁不住很同情爸爸。我开始安抚他："别伤心！别伤心！"对此他没有作出确切的反应。

"你也没睡着吗？"他气哼哼地问。

"啊，过来，用胳膊搂着我好不好？"我说道。他基本上照做了。我想，你们会用"小心翼翼"来形容他的动作。他浑身都是骨头，可也总比没人搂要强。

圣诞节时，他尽自己的能力为我买了一个真正漂亮的铁轨模型。

心灵体验　　　身为独生子女的你，看了这篇文章后，是不是心里感触特深？是否自己也曾有过类似的心理体验？但是，生活并不如他所愿，当他一天天发现一切并不如他所想，于是他拼命"维护"。就这样，一个个谐趣动人的故事就这样发生了。

放飞思维　　　1.你认为妈妈更爱谁？
2.你觉得"我"和爸爸会成为好朋友吗？
3.你对爸爸、妈妈的感觉有什么不同？

呵护那一点点光

◆林元亨

后来,孩子上幼儿园了。有一次,他吃完了香蕉随手乱扔香蕉皮。她没有像一些母亲那样视而不见,而是让他捡起来,带着他丢进果皮箱里。

这是一个关于孩子和母亲的故事。

孩子两岁了,第一次看见一只蚂蚁。也许别的母亲会鼓励她的孩子去一脚踩死那只蚂蚁来锻炼他的胆量。可是这个孩子的母亲却柔声地对他说:"儿子,你看它好乖哦!蚂蚁妈妈一定很疼爱她的蚂蚁宝宝呢!"于是小孩就趴在一旁惊喜地看那只蚂蚁宝宝。蚂蚁遇见障碍物过不去了,小孩就用小手搭桥让它爬过去。母亲一脸欣喜。

后来,孩子上幼儿园了。有一次,他吃完了香蕉随手乱扔香蕉皮。她没有像一些母亲那样视而不见,而是让他捡起来,带着他丢进果皮箱里。然后给他讲了一个故事:有一个小女孩,在妈妈的熏陶下,她总要把垃圾扔进果皮箱里。有一次马路对面才有果皮箱,她就过马路去丢雪糕纸。妈妈看着她走过去。然而一辆车飞奔过来,小女孩像一只蝴蝶一样飞走了。她妈妈就疯了,每天都在那个地方捡别人丢下的垃圾。当地人被感动了,从此不再乱丢垃圾。他们把那些绿色的果皮箱擦得一尘不染,在每一个果皮箱上都贴上了小女孩的名字和美丽的相片。从此,那个城市成了一座永远美丽的城市。故事讲完了,孩子的眼眶湿润了。他说:妈妈,我再也不乱扔东西了。

孩子上小学了,可是最近他总是迟到。老师找了他的母亲。她没有骂他,也没有打他。临睡觉的时候,她对他说:"孩子,告诉妈妈好吗?为什么你那么早出去,还要迟到?"孩子说他发现在河边看日出太美了,所以他每天都去,看着看着就忘了时间。第二天,母亲一早就跟他去河边看了日出。她说:"真是太美了,儿子,你真棒!"这一天,他没有迟到。傍晚,他放学回家时,他的书桌上有一只好看的小手表。下面压着一张纸条:因为日出太美了,所以我们更要珍惜时间和学习的机会,你说是吗? 爱你的妈妈。

后来,孩子上初中了。有一天,班主任打来电话,说有重要的事情要她去学校。原来,儿子在课堂上偷看一本画册,里面有几张人体画! 她的脑袋嗡地一下。和老师交换了意见后,她替儿子要回了那本画册,仿佛什么也没有发生。第二天早晨,儿子在他的枕头上，发现了那一本画册，上面附着一封信：儿子，生命如花，都是美丽的。所以一朵花枯了，很多年后，我们还能忆起；所以一个女人死了，千年后，我们还能怀念她的美丽，比如李清照，还有秋瑾。孩子，从审美的角度出发，记住那些让我们感动的细节，比如一片落叶，一件母亲给你织的毛衣，一个曾经为你弯腰系过鞋带的女孩……有一天，你就会以你充满色彩和生命的心香感召世人，就像你小的时候我给你讲的那个飞翔的果皮箱上的小女孩。人们爱她，因为她是天使……

也许这个孩子就是你、我、他，也许这位母亲就是你、我、他的母亲。这个极聪明极伟大的母亲懂得在孩子的缺点中发现那一点点优点，并用无微不至的圣洁的母爱呵护着他生命中的那一点点光！而那一点点不曾被扑灭的光，总有一天会洒成满天的星星、月亮和太阳，照亮这个我们深爱着的世界。

心灵体验

孩子犹如一方浑然天成的璞玉，需要我们用真诚来雕琢；犹如一株幼小的树苗，需要我们用爱心来浇灌；犹如一块洁白的调色板，需要我们来精心调配。孩子的成长与进步，需要情感的精心呵护，总有一天，那生命中的一个个亮点，将汇成熊熊的火焰，照亮我们深爱着的世界。

放飞思维

1. 你对文中的小孩和小孩的母亲是如何看待的？生活中你发现有过类似这样的事吗？

2. 题目为何取名"呵护那一点点光"，有什么喻义？

也许他们没有惊天动地的壮举，也没有令人炫目的辉煌，但他们在离开人世的时候可以自豪地说：我们生活过了，我们给予过了。这样，当人们以敬仰的目光寻找他们身后那深深浅浅而又装满苦涩的轨迹时，便是生活给了他们至高无上的无言的评语。

永不终止的精神旅程

不再回头的
不再是古老的辰光
也不只是那些个夜晚的
星群和月亮

尽管　每个清晨仍然会
开窗探望
每个夏季　仍然
会有茉莉的清香

可是　是有些什么
已经失落了
在拥挤的市街前
在仓皇下降的暮色中
我年轻的心啊
会有茉莉的清香

可是　是有些什么
已经失落了
在拥挤的市街前
在仓皇下降的暮色中
我年轻的心啊
永不再重逢

葡 萄 熟 了

◆佚 名

> 小女孩不动声色地将自己面前的一小杯酒递给阿尔福雷德说:"你可不可以告诉我这杯酒里有些什么呢?"

阿尔福雷德 17 岁那年在一次事故中双目失明了。此前,他是大学里的高才生,是校队出色的棒球手,是女生们青睐的美少年。可是,这一切都随着突如其来的黑暗消失了。他无法面对这样的打击,他将自己封闭在屋子里,拒绝与外界往来。

阿尔福雷德住在格拉夫的教母知道他的近况后,立即邀请他到乡下来散心。

格拉夫是法国著名的葡萄酒产区,阿尔福雷德的教母就住在一大片葡萄园边上。到格拉夫后,阿尔福雷德的心境并没有随着田园风情转好。他每天都独自闷闷不乐地窝在教母家门口的躺椅里。一个礼拜六的午后,正当阿尔福雷德昏昏欲睡时,一个稚气的女声在他身后响起:"嗨,你好,你就是那个新来的英国人吗? 你真的什么也看不见?"阿尔福雷德没有吭声,每当有人向他问起这些,他的心里都会划过一种难言的刺痛,因为他能想到问话人那种无济于事的怜悯——哦,瞧他,真不幸!

但这次有点儿出乎意料,他听到轻微的脚步声走近了。接着,一只小手抓住他,又是那个稚嫩的声音:"来,用手摸摸我的脸,这样就能知道我的模样了。"他的手被那只柔软的小手拉着轻轻按在了一张小脸上,能感觉出柔软的皮肤,圆圆的鼻子,还有,睫毛有点儿长,头发是蓬松的。阿尔福雷德不由问道:"告诉我,你是谁呢?""我是黛尔。"那个声音回答说。

黛尔是教母邻居家的小女儿,刚满 9 岁,她父母经营着一个历史悠久的葡萄酒庄园。大概村子附近没有跟黛尔年龄相仿的玩伴,所以孤单的小女孩就瞄上了阿尔福雷德。起初,阿尔福雷德并不想跟黛尔有什么来往,因为生活已经让他够心烦的了。可黛尔并不在意他的冷淡,她总是"一厢情愿"地缠着他。

一天,黛尔用带点儿讨好的口气对阿尔福雷德说:"我带你到我家的葡萄园里去玩好不好?"阿尔福雷德生硬地拒绝道:"不行。""为什么呢?那里可漂亮了,葡萄已经熟了。"黛尔不解地问。阿尔福雷德才不管那里怎么样呢,他粗暴地打断她:"我是个瞎子,我又看不见什么鬼葡萄!"黛尔细声细气地说:"可是,可是我不是带你去看葡萄呀，你可以用手触摸，用鼻子闻，用嘴巴尝，还可以用耳朵……""耳朵怎么啦？""耳朵可以听见早晨的露水从葡萄叶子上落地的声音，很小的声音，用心才能听见。"

是啊，即便看不到美丽的景致，还有心可以去聆听，去感觉啊，阿尔福雷德慢慢伸出他的手，在黛尔的牵引下向葡萄园走去。

生活的滋味果真不是单凭眼睛去发现的，整个夏天，经常可以看到阿尔福雷德和黛尔在葡萄园的身影。漫山遍野种植着许多酿酒的优质葡萄，出身葡萄酒世家的黛尔引着阿尔福雷德尝遍了园子里的葡萄，娓娓地告诉他每一款葡萄的名字：梅乐、解百纳、品丽珠、赤霞珠、苏蔚浓、白麝香等等，有时小女孩还调皮地跑来跑去，摘一些葡萄放在他嘴里，让他猜那些葡萄的名字，这似乎成了他们闲逛时的一件乐事。

收获葡萄的时节到来了，村里人按传统要开启陈年的葡萄酒庆贺。在这个热闹的宴会上，热情善良的葡萄园主把第一杯酒献给了阿尔福雷德，他小心地啜了一小口，咂了咂嘴，随兴说道："我感觉大概有一半比例的赤霞珠葡萄、三成的梅乐葡萄和两成左右的品丽珠葡萄，还有点儿醋栗的味道。"听了他的话，葡萄园主愣住了，因为他竟准确说出了那种葡萄酒的配方。过了片刻，又有一位客人换上另外一种酒请阿尔福雷德品尝，他依然准确说出了酿酒葡萄的比例。客人们接二连三地递给阿尔福雷德不同的葡萄酒，他居然屡试不爽。

这真是个奇迹，连阿尔福雷德自己也惊奇不已，但坐在一旁的黛尔并不感到特别，她明白其中的奥秘。小女孩不动声色地将自己面前的一小杯酒递给阿尔福雷德说："你可不可以告诉我这杯酒里有些什么呢？"阿尔福雷德抿了一口，皱了皱眉头，又尝了一小口，然后笑着说道："哦，由精选的苏蔚浓和白麝香葡萄合成的干白，这是你们庄园最好的酒，不过，恐怕有人刚才私下加了一点儿没有成熟的新鲜塞蜜容葡萄汁，百分之八的比例。"黛尔顽皮地笑出声，她凑到阿尔福雷德耳朵边嘀咕道："这是我们的酒，是我们的秘密，只有你能尝出来。"

冬天来临的时候，阿尔福雷德离开了格拉夫，他已经不再是那个因失明而变得阴郁乖戾的小伙子了，生活对于他有了新的目标，而这些全都依赖一个9岁的小女孩所赐。

回到英国后，阿尔福雷德很快在英国的品酒师圈里崭露头角。一个品酒师通常是用舌头判定味道，用鼻子品评芳香，用眼睛观察色泽，而阿尔福雷德却是用心，他不仅用心品出了酒的味道，而且用心品出了酒的色泽芳香；更重要的是，他用心品出了酒的质地，体会到了酒的境界和韵感。时光流转，他以出神入化的品酒技能逐渐成为声名远播的顶级品酒大师，许多新款葡萄酒一经他鉴定都销路大开。

十多年过去，阿尔福雷德步入中年，在伦敦拥有了自己的葡萄酒鉴定公司。

一天，一位年轻的法国游客来到阿尔福雷德的公司，她还带着一款新制的葡萄酒，她坚持请阿尔福雷德本人鉴定。在二楼安静的品酒屋，阿尔福雷德将杯子里的酒放近鼻子嗅嗅，然后抿了一小口，他怔了怔，随即微笑道："由精选的苏蔚浓和白麝香合成，来自我一个朋友的葡萄酒庄园，而且还私下加了点儿新鲜的塞蜜容葡萄汁，百分之八的比例。这一次葡萄熟了，我想她也长大了。"来客爽朗大笑着拉住阿尔福雷德的手，像好多年以前那样抚在她的脸上——葡萄熟了，带着年轻稳定的柔顺气息。小女孩已经长大成人了，脸上还泛着阿尔福雷德看不见的羞涩红润。

心灵体验　　文章用朴实自然的语言，向我们娓娓讲述了盲人阿尔福雷德从一个悲观自闭者到以心品酒的鉴酒大师的故事，使读者从中受到莫大的鼓舞，它告诉我们：热爱生命的人，不管遭受多么残酷的打击，生活的美好依然会因他的精神而绽放，只要用心去体味，生活就会有滋有味。

放飞思维　　1. 文章第1段中为何把阿尔福雷德失明之前的生活描述得那样风光得意？

　　2."葡萄熟了"，这个题目有着多重寓意，请试着加以分析。

一条醒世脱俗的毛毛虫

◆马　德

　　　　我们可以活得贫穷，但不能失了风骨；我们可以活得土头土脑，但不能胸无大志。

我的一天，是从幽曲的洞穴中探出头的那一刻开始的。

我不会计较这是一个早晨还是中午，没有什么要求我必须在什么时候钻出来，我坚持着自由的心性，伸完一个懒腰，打过一个哈欠，便让明媚的阳光一览无余地倾泻在我通体乳白的身上。

我挺喜欢这个地方,有一大片的草地,有一棵直入云霄的树,还有一两声的鸟鸣,恬淡,幽静,而又与世无争。我故意不把一片草地走完,也不愿急着攀上树的顶峰,我知道生活中有一种极致不需要抵达,我只想在内心深处,享受生命因探索而带来的愉悦过程。

我把家建在这面偏僻的土坡上,草牖柴扉,蓬门荜户,我不想打肿自己充胖子。我发现我在寂静中活得很好,就尽量地让自己离喧嚣远一些,于是朋友很少,只有淡泊的一两个,也懒洋洋的,不常来往。有一天,在路上,我遇到了一条素昧平生的虫子,我们谈得很多,从早上谈到傍晚,然后一直到星辉满天,因为我们所谈的东西都怀着对生命的敬畏、尊重和关爱,所以我们彼此赢得了对方,它走的时候,只翻过一棵大草叶片,便没入夜色当中。我送走过许多这样的朋友,没有名姓,不知来处,或许最真的交往,只是灵魂与灵魂的接纳、引领和融合,而无须涉及地位、权势、财富这些世俗链条上的环节。也许,我会因为自己的固执,在现实中过得狼狈,但我清楚在生命中,什么该死死地坚守,什么该彻底地放弃。

我知道自己太渺小了,身边有许多庞大而且不可一世的天敌,比如一群鸟雀,比如一只鸡,稍不留神,就会成为它们的腹中之物。我知道,真正的强大不是体魄的强大,而是内心的强大。一个叫海明威的人说:人生来可以被毁灭,但绝不能被打败。外表弱小的毛毛虫的精神世界也是这样的,所以,我要让自己柔弱的身姿,即便是在毁灭的那一刻,折射给这个世界的也应该是强悍,而绝不是虚弱的内心。

善念,是培植在内心深处的一棵树,不要因为善小,而忘记了在对方干渴的时候端上一瓢水,倒伏的时候及时扶持一把,郁闷的时候送上一句安慰的话,这点滴的善最终会为我们的生活结出快乐。生命中有些东西就像手中的沙子一样,不会驻留太久,还有一些东西会在岁月流传中,忘恩负义地背叛你。惟有快乐,那么忠贞,那么坚忍,在你最苦难的时候,在暗黑的心底为你透出光亮。

我懂得寻找怎样的一只虫子开始我的爱情,我可以活得卑微,但绝不让自己的爱情沦落在卑微之中。爱的门当户对,不是对等门第,而是对等和谐的心灵。所以我也不想通过爱情,去攀附权贵,用牺牲爱的方式,让自己摇身一变成为财富的附庸。我要紧紧地握住爱的真谛,相濡以沫地操练自己的爱情,我懂得,在爱的天平中,重要的是要多为所爱的一方增加砝码,让爱为对方而倾斜,这样的爱情才会求得最大的平衡。

我要平静地告诉孩子,作为毛毛虫的后代,不要想在祖辈的手上得到什么遗产,以荫庇自己轻松地在这个世界上活下来,我要告诉它们的是:我们可以活得贫穷,但不能失了风骨;我们可以活得土头土脑,但不能胸无大志。

三餐就简,随便一点儿露水,任意一枝绿叶,就可以吃饱喝足。洞穴狭小,以枯叶为床,与和风同眠,在一地浅吟低唱的呼噜中,也可以睡得安稳踏实。凭良心行事,不怕夜半鬼敲门,清心寡欲,自然难同床异梦。

如果不远处,能有一溪清流,时时濯我手足,或许我会活得更洁净。如果常能有智者夜半降临,让我醍醐灌顶,也许,我会活得更轻松。

心灵体验

如果时常让心壁上爬上一条醒世脱俗的毛毛虫,我们该活得多么惬意、高洁、淡雅而又充实;如果时常在心灵土壤上培植一棵善念之树,我们的生命该蓬勃出怎样的绿荫;如果时常让阳光洒进我们精神的小屋,我们将生活得多么明媚、自然、丰盈而又清新!

放飞思维

1.“但我清楚在生命中,什么该死死地坚守,什么该彻底地放弃。”你认为什么可以坚守、什么可以放弃?请至少举出三样。

2.为什么说“人生来可以被毁灭,却绝不能被打败”?

3.怎样理解结尾段传达的深意?

歌唱着生活

◆高建群

伤筋动骨一百天,儿子在家里整整呆了三个月。三个月中,他常常站在阳台上,拄着双拐,眼睛望着窗外,唱着郑智化的歌。

一个农家妇女,骑着一辆自行车,自行车后座上带着山一样高的一堆卫生纸。农妇一边走街串巷一边叫卖。她的叫卖声用的是秦腔的曲牌,就像那个小品《换大米》一样。后来在我家的楼底下,这妇女被一群男男女女围住了,原来,大家都觉得这妇女秦腔唱得好,韵味十足,要她停住脚步唱一会儿。妇女说,我要做生意呀!大家说,我们要听秦腔呀!双方互不相让,吵作一团。那一刻,我正在写东西,被这吵闹声惊扰,于是就停了手中的笔,饶有兴趣地站在阳台上,看这件事怎么进行下去。结果,一番吵闹以后,双方达成一个口头协议,即妇女唱一段秦腔,观众中有人买一卷卫生纸。于是整整一个上午,我家楼底下便开了一个秦腔演唱会。那妇女的秦腔也真唱得好,抑扬顿挫,慷慨悲凉,依我看,比西安城那些名角都唱得好。她一边唱着,一边还摆出各种姿势来。而每唱完一段,观众中立即有人掏出一块五角钱来,买一卷卫生纸。妇女于是收起钱,再唱。这秦腔整整唱了一个上午,直到最后一卷卫生纸卖光,歌声才停了。最后,楼底下的每个观众,都腋下挟着一卷卫生纸,摇头晃脑,像喝醉了酒一样,各人走回各人的家。那妇女则自行车响着铃,也乐颠颠地走了。

家里有一个蜂窝煤炉子。这炉子有一个细细的铁皮筒子,拐过几个弯以后从阳台通出去。五年前的春天,炉子停了,我撒了个懒,没有及时卸下炉筒。后来有一天早上,我突然被一阵鸟叫声惊醒。原来,一对麻雀夫妻,衔来草叶、树枝之类的东西,正在炉筒里做窝。"那么这炉筒今年就不卸了吧,权当咱们家又添了两个新成员!"我说。从此以后,这麻雀夫妻便在我家炉筒里安了家,整日进进出出。后来,它们养下了一堆小麻雀,这些小麻雀开始时从炉筒口伸出小脑袋,张着乳黄色的小嘴,唧唧喳喳地叫着,后来,能飞了,便在电线上站成一长溜,像五线谱上的音符一样,再后来,羽翼丰满,就离开父母,各奔前程去了。那年冬天,我生炉子的时候,煤烟倒灌,弄得满屋子的煤烟,这时我才记起鸟窝的事。于是卸下炉筒,用棍子捅了好长时间,才将鸟窝捅掉。那鸟窝里,还有一只未孵化出来的麻雀蛋。自那以后,五年了,这对麻雀夫妻便年年在我家的炉筒里做窝,年年哺养一批儿女,年年在我家阳台歌唱。

我在陕北的时候,有个老领导姓黑,他如今已经过世。黑老有个儿子叫黑海涛,如今是奥地利皇家歌剧院的首席歌唱家。黑海涛是如何去奥地利的呢?我这里有一个故事。世界歌王帕瓦罗蒂,十多年前曾到北京来过一次。那次,帕瓦罗蒂顺便到北京的音乐学院走了走。听说他来了,许多有背景的人家都把这当做一次机遇,想让歌王亲自指导一下自己的孩子。据说,帕瓦罗蒂耐着性子听着,不置可否,这时,窗外突然有人引吭高歌,唱的正是《今夜无人入睡》这首名曲。原来,这正是陕北来的那个叫黑海涛的学生,听说帕瓦罗蒂来了,自己又没有背景接近他,于是辗转反侧,无法入睡,凭歌声来宣泄。谁知帕瓦罗蒂偏偏听到了窗外的歌声。"这声音像我!这也许就是将来要取代我的那个人!我要见他,我要收他做学生!"帕氏说。后来,帕氏亲自张罗着黑海涛出国事宜,而1998年,意大利举行世界音乐大赛,正在奥地利深造的黑海涛,因意大利制裁中国而无法拿到签证,求助于帕瓦罗蒂,帕瓦罗蒂亲自给意大利总统写信,终于使黑海涛成行。

十多年前,正在上小学二年级的儿子,滑旱冰时小腿骨骨折。躺在床上的儿子,要我为他做两件事情,第一件事是让报社的木工为他做一副拐,第二件事是让我上街为他买一盘台湾歌手郑智化的磁带。那时我还不知道郑智化为何许人也，后来从电视上看到那个拄着双拐，唱着《水手》，唱着《星星点灯》，唱着《远离这座城市》的郑智化，才明白儿子那时候的伟大憧憬。伤筋动骨一百天，儿子在家里整整呆了三个月。三个月中，他常常站在阳台上，拄着双拐，眼睛望着窗外，唱着郑智化的歌。有几句歌词我现在还记着："他说风雨中这点痛算什么，擦干泪，不要怕，至少我们还有梦！"去年，我的长篇小说《愁容骑士》在台湾出版，我在序言中讲了这个故事，并希望郑智化能看到它。

心灵体验

逝者如斯，生活如斯，生活是琐屑而平凡的，生活的多彩与否，来自于感受生活的那颗心。歌唱着生活，看天，天高云淡；看地，四通八达；看人，情投意合……嘹亮的歌声能穿透一切惨淡愁云。谁能说歌声不是心声的传达呢？

放飞思维

1. 你能看出文中的这位良家妇女对生活持什么态度吗？

2. 有背景的人家把帕瓦罗蒂的亲自指导当做是一次机遇，争先恐后地把孩子送来为歌王演唱，帕瓦罗蒂为何不置可否？与帕氏对黑海涛的态度相比，表现出帕氏是怎样一个人？

3. 儿子的伟大憧憬是什么？作者对儿子的这番评价包含着怎样的感情？

我的花朵，开放在阳光之外

◆杨嘉利

> 父母都只有小学文化。每天晚上，他们轮流给我上课，一个教语文，一个教数学；两个姐姐也在做完功课后为我批改作业。

我永远忘不了18岁那年经历的一幕：当我敲开成都一家报社编辑部的门时，几个年轻的女编辑竟被我的样子吓得跑了出去……

我常想，我这一生最大的不幸就在于我肢体严重残疾却有一个健全的大脑。

半岁时，一场高烧差点儿夺去了我的生命。医生曾好心地对母亲说："这孩子肯定终生残疾了，与其让他痛苦你们也痛苦，不如算了……"母亲明白医生的意思，可她还是哭着恳求："救救这个孩子吧，不管他残成什么样，我都会养他一辈子！"

我奇迹般地活了下来。但由于小脑神经受到损伤，我像医生说的一样成了残疾：双手不能自由伸屈；嘴斜了，失去了准确的发音；脚也跛了，走路一瘸一拐……四五岁前的我完全是在床上和父母的背上度过的。直到6岁，我才开始蹒跚学步。那时的白天，父母上班，两个姐姐上学，家里只有我一个人，门反锁着，我的世界只是一个不足10平方米的小屋，阳光离我很远……

到了上学的年龄，父亲带着我到学校报名。老师说："这孩子残疾比较严重，还是等他长大一些再来报名吧！"这以后，每一个学年，父亲都带我去报名，但没有一次报上。

我一直记得12岁那个9月，父亲又带我去学校。已经有些懂事的我哭着求老师："收下我吧，我会好好学的！"父亲也说："收下这孩子吧，他做梦都想读书啊！我和他妈妈每天可以按时接送他，他的两个姐姐可以照顾他上厕所，不会给学校添麻烦的。"看得出，老师被感动了，她用手轻轻擦去我的泪水，说："孩子，不要哭，我们收下你！"然后将我的名字填写在了新生入学登记表上。我终于要上学了！母亲高高兴兴地给我买了书包和文具。但到学校公布一年级新生的名单时，还是没有我。看见我伤心，母亲安慰我："小三，你是个和别的孩子不一样的人，你不可能像人家那样去生活……要是你真想读书，爸爸妈妈在家教你。"就从那天开始，我走上了自学之路……

父母都只有小学文化。每天晚上，他们轮流给我上课，一个教语文，一个教数学；两个姐姐也在做完功课后为我批改作业。我的右手不能拿笔，我就锻炼着用稍稍灵活一些的左手写字。也许是因为我的年龄大了，理解能力较强，小学六年的课程，我竟只用了一年多的时间就全部学完，然后又开始中学阶段的自学。父母没有能力再教我了，两个姐姐也相继升入高中，紧张的学习使她们再没有时间来辅导我。于是，我只好自己啃姐姐们用过的课本……

1986年，我16岁了。春节前的一天，我到离家不远的新华书店买书。回家途中路过烈土陵园，我不由自主地走了进去。天空下着毛毛细雨，面对一座座无声的墓碑，我心中忽然生出一种空灵、肃穆的感觉，强烈地涌起了要表达自己的冲动。回到家，在一张废纸上，我写出了生平第一首"诗"。此后，写诗就成了我生活中不可或缺的内容，我在缪斯的世界里寻找着心灵的慰藉和生命的意义。

然而，写作也并不像想像的那样容易。对于我，最大的困难首先是写字。我每写一个字都十分吃力，写字的速度总跟不上自己的思维，那种感觉苦不堪言。我有个小纸箱，里面装满了退稿。这些稿件经过漫长的周游又回到了我手里成为废纸，这对每写一个字都很困难的我是多么痛苦的事啊！许多时候，母亲不忍看我一次又一次失败，对我说："算了吧，我们再想别的办法。"可我不愿放弃，再难也一直坚持……

两年后，我的一首题为《回顾》的小诗终于在一家青年报上发表了！当样报寄来，看着自己的变成了铅字的诗作，我喜极而泣。

自从发表第一首诗后，我便一发而不可收，印有我名字的作品陆续在多家报刊上登出。1993年，家里在经济条件并不宽裕的情况下，筹钱为我自费出版了诗集《青春雨季》；1994年，我的诗集获得了成都市"金芙蓉文学奖"；1996年，我又被四川省作家协会吸收为会员。到今天，我已在全国100多家报刊发表了300多首诗和150多万字……

今年我30岁，我知道，在以后的岁月，还会有更多的苦难和伤痛等着我，但我生命的花朵，既然从一开始就是在阳光之外开放，我已经没有什么可以畏惧！

心灵体验

文中的作者虽然肢体严重残疾，但他正视自己的缺陷，带着对理想的追求微笑着面对生活，他将自己带入了另一片美丽的风景地。克莱尔说："人是为了某种信仰而活着。"是啊，心中有路，脚下才踏实。带着理想的拐杖，穿过痛苦的沼泽，才能找到光明的道路。

放飞思维

1. 从作者苦难而伤痛的经历中，你获得了哪些有价值的启示？

2. 作者一次又一次地遭受打击，但却从不放弃。试分析一下产生这种动力的原因是什么？

我的早年生活

◆[英]温斯顿·丘吉尔

结果,我当即被编到低年级最差的一个班里。实际上,我的名次居全校倒数第三。而最令人遗憾的是,最后两位同学没上几天学,就由于疾病或其他原因而相继退学了。

"每个人都是昆虫,但我确信,我是一个萤火虫。"

刚满12岁,我就步入了"考试"这块冷漠的领地。主考官们最心爱的科目,几乎毫无例外地都是我最不喜欢的。我喜爱历史、诗歌和写作,而主考官们却偏爱拉丁文和数学,而且他们的意愿总是占上风。不仅如此,我乐意别人问我所知道的东西,可他们却总是问我不知道的。我本来愿意显露一下自己的学识,而他们则千方百计地揭露我的无知。这样一来,只能出现一种结果:场场考试,场场失败。

我进入哈罗公学的入学考试是极其严格的。校长威尔登博士对我的拉丁文作文宽宏大量,证明他独具慧眼,能判断我全面的能力。这非常难得,因为拉丁文试卷上的问题我一个也答不上来。我在试卷上首先写上自己的名字,再写上试题的编号"1",经过再三考虑,又在"1"的外面加上一个括号,因而成了〔1〕。但这以后,我就什么也不会了。我干瞪眼没办法,在这种惨境中整整熬了两个小时,最后仁慈的监考老师总算收去了我的考卷。正是从这些表明我的学识水平的蛛丝马迹中,威尔登博士断定我有资格进哈罗公学上学。这说明,他能通过现象看到事情的本质。他是一个不以卷面分数取人的人,直到现在我还非常尊敬他。

结果,我当即被编到低年级最差的一个班里。实际上,我的名次居全校倒数第三。而最令人遗憾的是,最后两位同学没上几天学,就由于疾病或其他原因而相继退学了。

在这种尴尬的处境中,我继续待了近一年。正是由于长期在差班里呆着,我获得了比那些聪明的学生更多的优势。他们全都继续学习拉丁语、希腊语以及诸如此类的辉煌的学科,我则被看做是个只会学英语的笨学生。我只管把一般英语句子的基本结构牢记在心——这是光荣的事情。几年以后,当我的那些因创作优美的拉丁文诗歌和辛辣的希腊讽刺诗而获奖成名的同学,不得不靠普通的英语来谋生或者开拓事业的时候,我一点儿也不觉得自己比他们差。自然我倾向让孩子们学习英语。我会首先让他们都学英语,然后再让聪明些的孩子们学习拉丁语作为一种荣耀,学习希腊语作为一种享受。但只有一件事我会强迫他们去做,那就是不能不懂英语。

我一方面在最低年级停滞不前，而另一方面却能一字不漏地背诵麦考利的1200行史诗，并获得了全校的优胜奖。这着实让人觉得自相矛盾。我在几乎是全校最后一名的同时，却又成功地通过了军队的征兵考试。就我在学校的名次来看，这次考试的结果出人意料，因为许多名次在我前面的人都失败了。我也是碰巧遇到了好运在考试中，将要凭记忆绘一张某个国家的地图。在考试的前一天晚上，我将地球仪上所有国家的名字都写在纸条上放进帽子里，然后从中抽出了写有"新西兰"国名的纸条。接着我就大用其功，将这个国家的地理状况记得滚瓜烂熟。不料，第二天考试中的第一道题就是："绘出新西兰地图。"

我开始了军旅生涯。这个选择完全是由于我收集玩具锡兵的结果。我有近1500个锡兵，组织得像一个步兵师，还下辖一个骑兵旅。我弟弟杰克统领的则是"敌军"。但是我们制定了条约，不许他发展炮兵。这非常重要！

一天，父亲亲自对"部队"进行了正式的视察。所有的"部队"都整装待发。父亲敏锐的目光具有强大的威慑力。他花了20分钟的时间来研究"部队"的阵容。最后他问我想不想当个军人。我想统领一支部队一定很光彩，所以我马上回答："想。"现在，我的话被当真了。多年来，我一直以为父亲发现了我具有天才军事家的素质。但是，后来我才知道，他当时只是断定我不具备当律师的聪慧。他自己也只是最近才升到下议院议长和财政大臣的职位，而且一直处在政治的前沿。不管怎样，小锡兵改变了我的生活志向，从那时起，我的希望就是考入桑赫斯特皇家军事学院。再后来，就是学军事专业的各项技能。至于别的事情，那只有靠自己去探索、实践和学习了。

心灵体验

　　本文用轻松幽默的笔调、浅显易懂的语言向我们介绍了丘吉尔青少年时代学习、生活情况，是一篇自传。从文章中可以感受到丘吉尔首相之所以在以后的事业上取得辉煌和他青少年的经历以及自己不断努力是分不开的，也许你能从文中得到一些启示。

放飞思维

　　1.丘吉尔在哈罗公学的收获是什么？

　　2.丘吉尔成功地通过了军队的征兵考试，仅仅是因为他"碰巧遇到了好运"吗？

　　3.你的学习成绩属哪个等级？写出你值得"炫耀"的地方，像丘吉尔相信他是只萤火虫一样。

靠自己活着

◆吴 煦

> 短短的三个月，我知道，这才是我想要的压
> 力，这才是生活。每一个人靠自己活着，做一些事，
> 让别人衡量。

一

下午，我和盛终于出发了。是日晚零时，给乘务员 100 块钱小费后，顺利爬上卧铺。一觉醒来已是上海的早晨，天空空旷而清新。

在上海当了几天的游客后，自然转换成游民。日日为找工作之事奔忙，与盛发了大量的求职信，定名为"石沉计划"，计有"大海一号"至若干号，至今已有所回音。几日后茂与利波(现更名为皮皮)也容光焕发地进军上海，由此，"四大盲流会上海"隆重上演。

房子租了三个月，约 10 多平米。是在上海的朋友子忆帮忙租好的。这是一个棚屋，阴暗且潮湿。若干年后人们将难以想像以后的上海滩四大豪杰竟是从此地诞生的。屋子在底楼，夜夜可清晰地听见房东的谈话声、洗涮声以及其他暧昧的举动声。靠外厢房的一老太太昨日突然死去，顿加不绝的念经声，胜似人间魔幻之境。上海是个大地方，也是个好地方，薪金不算高，但机会很多，大有盼头。四位大人先生已决定安营扎寨，扎扎实实地干。近日上海颇冷，晚上难以入睡，故每每早上起床已是十点之后，匆匆一餐后，又要奔忙找工作。疲惫而后回来，惟一的活动又是睡觉。至今仍未找到工作，也因此未给父母音讯，人惶惶不可终日。在 2001 年 3 月 5 日晚，四人召开了一"支部会议"，基本确定进军方向，人心渐定，我对将来是挺有信心的。

二

今日到金地公司上海办事处应聘。早上向茂借了件衬衣，穿上皮皮买的那套西服，信心十足去面试。一进门，小姐甜甜地给了我一份试卷，竟然又要受考试之苦! 坐下后翻看了一下，基本不会做。当时心生横念，想悄悄溜走，终觉太无面子。

见一电话,想向盛求教,但远水救不了近火。既然无他法,只好反客为主,责问小姐:"我来应聘软件销售的,何故给我电脑答卷?"小姐快快作答:"如此,则做会计试题吧。"会计试题上有两题:一试述会计流程。绞尽脑汁,知自己仍不能作答,为找回一点儿面子,在上写道:本人具有丰富的会计实践经验,此问题在校期间本人背过,现在不想背。后一问题,是问将怎样进行销售。本人怒发冲冠,恶向胆边生,说:"此问题的范围过大,不便作答。"然后又大发议论,匆匆交卷。看见小姐将答卷拿到一边偷偷看了一下,脸露微笑地送了进去。后是面试,两考官均对如何销售有咬定青山不放松之势。本人顾左右而言他,逼得无法,说:"先试用我一个月,我定能给你一个满意的答复,但现在时机不成熟!"

"舌战"最后在友好的气氛中结束,当然,我是得不到满意的回答的。

三

工作已于3月25日找到,但近段日子极是穷困。先是一次性付清房租4000多元,四人手中的阿堵物已渐渐不多。近日来连软包大前门都要凭计划供应,限定使用天数。四人之中我离住处最远,车票、午饭花费最大。有时要进入肯德基改善生活,于是换来一个中午安安静静地坐。当然,这是近来准备辞工才出现的事。这之前,则从上午到下午,只能在所有的大街上跑,累得连午饭都没有食欲,一天便只吃晚上7点多的一餐。这还不算什么,重要的是你付出的努力越来越多,对情况越来越熟悉,发现希望越来越少,你的信心便一点一点地失去了。你不露声色,自顾说笑,不断给自己鼓劲,但你心中绝对是一种越来越沉的恐慌。直至每一个早上,你翻身起床都开始带着一种从容就义的悲壮,每一次回来都像经历一个轮回。

现在知道了,一个人,只要是他自己让自己活着,且是自己养活自己的,才有资格活着,才有资格谈及其他的东西。不经生活的苦,不知谋生的艰难,永远不知道什么叫自立。我希望那些刚涉世的年轻人,至少在开始时,应该经历一种为明天伙食着落的恐慌,为将来事业突破上的恐慌。那时候,我相信谁都会在谈及风花雪月和所谓的意境时淡淡一笑。就像我现在想的一样,如果我还经常想着爱情,那真的是死不悔改的奢侈。如果再让我听那些忧郁悲伤的歌曲,突然间也会哈哈一笑,这样忧郁悲伤来得多么的假,多么的高贵,像是一场刻意表演的戏。茂说,有一首童孔的歌。然后我们唱了:"我可以沉默,不向命运争辩什么……"

维持生活是第一步,感受生活是一种享受——第二步。无论第一步是喜,是悲,到第二步都成为一种内容而美丽。可惜现在,我们都没有时间整理记忆,日记也懒得写,成了周记。有时候也担心,到了什么时候,才能真正有时间,有精力,也有能力去描述这一段日子以来的最真实感受?

到上海,总结了自己的十一大缺点,很深刻的。我希望年底对照时,敢用手划去若干条。

四

我目前的工作是上海一家磁卡公司的业务员,做做贵宾卡、证券公司的磁卡、条码卡之类的业务。上星期一正式跑业务,上海街头便经常出现一个神色恍惚、满脸疲惫的男子,日日奔波于酒店、商厦、证券公司。每次进公司大门前总要犹豫,总要直至一副视死如归的神色溢满脸后,才坚定而入。生意并不是如公司领导先前说的那样好做,不过也不太难,惟适应尔。小盛在电脑公司,由技术改做销售,对他来说也是一个考验。茂在一家外贸公司做助理兼翻译,皮皮在倒腾他的茶叶。每日早上起床,或晚上回来,我们有时快乐,有时气愤;有时精力过剩,有时极端疲惫。但总要相互握一下手说:"我们要坚持下去!"

五

在两个月的"跑街"中,我鼓着大部分是眼白的眼睛,用双脚——一脚深、一脚浅地跑。"谋生非易事",此话已深得我心。两个月来,每一个清晨我坐两个小时的车到公司时,我的双脚已是十分疲惫。但我还得再坐一小时的车,到我所负责的两个区。然后在那儿,每一条街地走,进入每一个和公司业务有关的地方,建立联系,这就叫市场接单员——工作的性质和直销没有多大区别。这是别无选择的,因为要有业务,得先建立自己的业务网络。而我就是在今后的日子里,希望那些接到过我名片的人能在有业务时,会突然想到我,并与我联系。《人才市场报》中提到的要有市场开拓能力,便是指这种能力了。跑了两个月,反应并不是很好,但也不会太坏。有些反应的,却不一定满意我的价格。直至前几天,才做了生平中的第一笔生意,估计以后还可能有。但我还得跑,凭我原来的那些网络,想拿高的提成,那是远远不够的。

日子走得很快,一眨眼,三个多月,也就过来了。这感觉真奇怪,似乎没几分钟。而周末,也就成了最为诱惑的字眼,它的含义已远远超出了淮海路上走来走去的艳丽女子,它意味着可以好好睡上一觉,好好睡上一觉便意味着人生最美好的享受。

六

生活不是想像中的那么好,但也不是想像中的那么坏。虽然大家抽的仍然是软包的大前门,但平时吃饭时不再经常是"三青"(三个素菜),自行车也很快可以买,困难时期似乎正逐步过去。我想,渐渐的我们可以做一些各自想做的事了。

但是,外人确实难以想像我们的生活。生活的担子终于压到个人身上。水费、电费、电话费、修理费,各式的账单,现在,它们实实在在地向你袭来。你必须得解决,而且,是靠自己。可是在几个月前,它们在我的生命里竟然毫无存在的迹象。

大家都很累。每一个夜晚,一个接一个地归来,看着越来越暗淡的身影,异样的苦涩。每天都在喊:回家乡,回原单位,国家是我们的靠山!可第二天,悄无声息的,一个接一个的,又默默地背起包匆匆走出家门。"劳其筋骨,饿其体肤。"可是,天何时将降大任呢?我们都不知道,我们都知道的是那一天毕竟不是太早的,还有好长的路要走。我想,我们可以忍,可以等,重要的是:我们从没有丧失过信心。

短短的三个月,我知道,这才是我想要的压力,这才是生活。每一个人靠自己活着,做一些事,让别人衡量。生活就是这样的苦、累、枯燥,但每一天都是一个新的起点,你认真地看清自己,你的未来不会是你父母设定的那样。现在,你或许成功,或许失败,但这一切都是未知的。我喜欢未知,这样你有精力去创造,有动力和压力去努力。

七

在大街上跑,突然收到 CALL 机。是茂的,机上留言:"如果我们还像以前天天讲话的话,就可以问问你想不想休息一下?"是我们以前高中时最爱的高明骏《狂眼革命》里的歌词。我不知当时是怎样想的,但现在我在写这段文字的时候,我真的有一种想流泪的感觉。这种感觉真好,真的,真的想哭。

日子在走,肯定会带走些什么。我们都在改变,但我对大家,那种爱是永远不会变的,永远!爱,我不知道在男人之间也可以这样容易说出口的,也不知道哪一天,才可以松弛下来,像以前一样,大家躺在同一张草席上,说不完的话题,爬上高高的阳台,喝酒,唱歌。

八

小盛已到了广州,他是被公司派去负责新公司的筹立的。他算是最早找到命运契机的人。接到他的电话，我突然想起高三那年，临近高考，我被眼疾弄得几乎想放弃考试。有一次，小盛来我家，给我带来了一幅漫画：一只青蛙的头部已经被鸬鹚咽下，但它的前肢紧紧地捏住鸬鹚的颈部，后肢绷得笔直。我已经忘了我到底是否从中得到多大的鼓励，但这个画面，我确实牢牢地记住了，而且估计这辈子以后都能记住。

有些感觉，在当时极为真切，但若干年后可能再也找不到了。往往正因为这样，我们才会觉得那些东西特别珍贵。

九

上一个礼拜，父母来了上海，想劝说我回家乡上班，否则要被地区税务局除名了。除名是开除的委婉说法。

去车站接他们前，茂笑说，你把包打好也带去吧，先买三张回家的票，在看到二老的时候说："爸妈，我错了。"然后把三张车票一掏，"我们马上回家吧！"众皆笑。我说，那不如买5张票，组成一个还乡团，在火车上大家细细回想一下，于是感到这一切的的确确像一场梦。话虽如此，但那天好好地招待了二老，然后陪他们逛了外地人必逛的外滩、南京路步行街，他们最后对我还算满意，也知此逆子不可强教，也就罢了。父母回去之前，我想开除太过难听，遂疾书辞职信一封，托父母递交给地区税务局。事情在我看来有了圆满的结局，至少，父母已默许我的举动，而我心里的愧疚也得到了缓解。

我总觉得未来一定是会更美好的，光明的。这种念头在刚出来的时候是没有的，刚到上海时是用来鼓气的，而在工作了一段日子后的现在，是确确实实很实在的！只是伤心这种寂寞的日子，这种忍耐的日子，还要多久？

十

生活像是晃动的长镜头，摇摇摆摆的难以调焦。短短的时间内，皮皮接受小盛的邀请，去了广东，我也很快地换了工作，转做外贸。从来没有想到过大学学的东西可以派上用场——在那个安逸的小县城的那份安逸的工作中。

我现在非常的忙，最忙的时候也是吃不上饭。公司的客户遍及五大洲，甚至包括列支敦士登。初接管QA部的时候，老板要我搬入他的办公室。在那压抑的办公室呆了10天以后，我要求搬出去，终于如愿以偿。但仍觉得压力好大，我需要同公司的所有部门打交道。同时所有的事都要我去过问，在诸多的环节中只要有一个环节疏忽,就会铸成大错。我很累,真的,我不知道自己还能撑多久。得空的时候,我和办公室的女孩子嘻嘻哈哈,可是我自己很清楚,这一天天是怎样挨过去的,大约这就是生活在敌人心脏中的感觉。

十一

收到皮皮的一封信,也是迄今为止收到的皮皮写的最好的一封信,翻来覆去地看了好久。突然想到这是皮皮去广东后给我写的第一封信,字里行间感到他比以前沉静好多,没有变的是那种亲切的感觉,那烟头烧焦了的信笺。有时男人与男人之间的感情和默契,我觉得远远超过了男人和女人之间。

大约在高二下学期,我们合住在一个小屋里。那个晚上,茂问皮皮,你知道当发觉自己爱上一个女孩心里的第一感觉是什么吗? 非常激动、紧张、害羞、甜蜜……皮皮不停地猜。当时我躺在床上, 懒洋洋地不想开口,这时茂开口了: "是——害怕! "是的,是的,是害怕! 我又在心里说,这是爱的全部意义。这个细节我早已淡忘,但在今晚,却不知怎样想起了它。并想给那害怕再加上一条诠释:它是有生命的东西,并且客观地说,它的生命力并不强。

人生又有什么叫做享受的呢?自由地活,痴痴地爱,快活地聚,刻骨地离,寻找一种很深的感觉,这就是我所认为的享受了。

十二

临近中秋,因供应商给我们送来大量的月饼,每个人也便分到好多月饼。举杯邀明月,何为团圆? 只不过吃下一块月饼后,辗转难眠!

小盛还好吗? 皮皮呢? 广州的月亮是否同上海的一样,共着阴晴圆缺? 这样的时候就会想起一些东西,一些笑意就会自然地挂上嘴角。

现在我和茂、小盛、皮皮几乎没有什么话可说了,要说的话早几年就说完了。见面时,一人点一根烟,然后悄无声息地坐着。我们是怎样成为朋友的? 缘分? 我们都会笑着说,去他的缘分。那一年,我和茂各以高中生活经历为题材写了一篇中篇,写完后我和茂都惊奇地发现,原来没有了对方,也就没有了往事。

另一年夏天我们把北京逛了个遍。在历史博物馆时,有一个厅是专门用来展览古陶的。但那些陶器的名字,实在是过于古僻了,我们便干脆都认半边——"奔、甬、月、全……"念着念着,我们忍不住大笑起来。望着笑得孩子般的大家,我想,在这个世界上,我们并没有奢求太多的东西,只不过是想能过上一种安宁快乐的生活并且做一点儿自己愿意做的事情而已。后来我们到了长城,中国的脊梁。站在那雄伟而又古老的建筑物上,我们禁不住高歌 Beyond 的那首《长城》:

"蒙着耳朵,哪里哪天不再听到在呼号的人。

蒙着眼睛,再见往昔敬仰的那样一道疤痕。"

我们的疤痕在哪里?茂说,没有,我们没有疤痕。我们只不过是一群鱼婴,被逼出时间的子宫,终站不是龙门,便是鼎镬。

心灵体验

靠自己活着——简单却深刻。现在有太多的年轻人缺少这种意识,甚至从未有过这种想法。或许,读过此文,会让你深切感受到不经生活的苦,不知谋生的艰难,就永远不知道什么是自立……

放飞思维

1. 你认为"靠自己活着"的内涵是什么?作者认为又是什么?
2. 作者认为"一个人,只要是他自己让自己活着,且是自己养活自己的,才有资格活着,才有资格谈及其他的东西。不经生活的苦不知谋生的艰难,永远不知道什么叫自立。"你赞同这句话吗?谈谈你对这句话的理解。

为自己负责

◆乔 叶

那真是我有生以来遭受最多的一次诘问。每一个"你"字,他都强调得很重,像锤子一样打在我心上。

我曾在一本心理学专著里读到过这样一则很有意思的案例分析:一位美国心理学家到一位中国人家中做客。主人两岁多的小宝宝在客厅里跑动,不小心被椅子绊倒,大哭起来。当妈妈的赶紧跑过来抱起小孩,然后一边用手打椅子一边说:"宝宝不哭,妈妈打这个坏椅子,妈妈打这个坏椅子。"心理学家见此情景不禁有些狐疑,过了一会儿,她对这位母亲说:"这跟椅子没关系,是他自己不小心被椅子绊倒了,是他自己造成了这样的结果而并非是椅子的错。你应当让他知道,如果是他做错了什么事,责任就应当由他自己来负。这样他长大后就会慢慢懂得,在他与这个世界发生关系时,他所应负的责任是什么。"

看到这里时,我不由得笑了。我想起了我自己。

师范毕业后,我和大多数同学一样,回到乡下当了一名小学教师。虽然嘴上不说什么,但在心里却着实觉得自己有点儿大材小用。于是备课时不过是走走形式,讲课时觉得是小菜一碟。从不旁听其他老师的课,更不和同事交流什么心得体会,被誉为"全乡最自由的老师"。而学生的考试成绩却总是一塌糊涂。不过我又觉得这不是我的水平和态度问题,而是乡下学生的素质太低。"苗儿不好怎么会有好收成?"我振振有辞地对校长讲。当时,我也开始隔三差五地写些不疼不痒的稿子偷偷寄出去,但总是石沉大海,于是我也暗暗埋怨那些编辑都是"有眼无珠"之人。同时又哀叹自己父母双亡,出身太苦,虽有一个在县城当局长的哥哥,却又顾不上我的死活……我就这样陷入了一种昏天黑地的恶性循环中,直到认识了我现在的爱人当时的男友——小林。

一个月夜,我对小林哭诉了我的"坎坷"与"不幸",听后,他没说一句同情与宽慰的话。沉默了许久,他才说:"你为什么不说说你自己呢?"

"我一直都在说我自己啊。"我困惑地说。

"可我听到的全都是别人的错误和责任。"他说,"你有没有想过,为什么面对的是同样的乡下学生,有的老师能教出那么好的成绩而你却只能充当垫背的?为什么面对的是同样的杂志和编辑,人家的稿子能上而你却不能?不,先不要急着历数你付出的努力,我只建议你去想想其中你应负的那部分责任。"林顿了顿,继续说了下去,"我们再来谈谈你的工作。我想问问你,你有什么资格这么强烈地要求哥哥帮你调工作?哥哥在为他的前途孤身奋战的时候你又为他做过什么?进一步说,不要看他是个局长,即使他是个市长、省长,和你的工作又有什么必然的联系?退一步说,即使是父母在世,帮你调工作也不是他们非尽不可的责任和义务,你又有什么权利去要求哥哥?父母把你养大,国家给你教育,社会给你位置,换来的就是你的满腹牢骚和抱怨吗?你为自己做出过什么?你应该做些什么?你做得够不够?"

那真是我有生以来遭受最多的一次诘问。每一个"你"字,他都强调得很重,像锤子一样打在我心上。月光下,我的大脑一片茫然,真的,我从没有想过这些问题,从没有把锋利的矛头对准过自己。我总是想当然地把一切借口推到身外,而把所有理由留给自己,从没有想过自己有责任去承担自己的生命。

从那以后,我变了。教学成绩、发稿状况和工作环境也随之发生了一系列根本的变化。因为我彻底明白了：虽然有许多必然的外力我们无法把握，但我们最起码能把握住自己。我们完全可以让自己的"不幸值"降到最小而让自己的"幸运值"取得最大——只要我们学会承担起自己的责任，让自己为自己负责。

一位朋友曾对我讲过她在外地某学院进修时碰到的一件事情。与她同屋住的有两个女孩，其中一个女孩在家是个独生女，在学院里也处处撒娇卖哕，要人宠她。因为同住一个宿舍，相处的时间多，朋友不好拂她的面子，只好敷衍她。但是另一个女孩个性却很强，就是不买那个娇女孩的账。娇女孩被她顶撞了好几次，便不再到她面前"邀宠"了。朋友羡慕地问那个女孩为何会有如此的勇气，那个女孩笑道："本来嘛，宠宠她也无所谓，但是可怕的不是去宠她，而是她已经习惯了让别人宠，也已经习惯了去宠自己。我只是想让她知道：在这个世界上，除了父母宠你是不可克服的天性之外，没有谁有必要非去宠你。你想要人宠，首先要有被人宠的资格——而且，即使你拥有了被人宠的资格，宠不宠你也还是别人的事。"

这件事情曾让我沉思良久。其实，说真的，不仅是那个娇女孩，生活中像她那样习惯于让别人宠自己和自己宠自己的人简直是不计其数，处处可见的。在孤独漫长的生命旅程中，谁都曾渴望能获得帮助，谁都会盼望被人温暖，谁都会希望有人能帮助自己逃避无情的风雨——而且，也确实会有一两次这样短暂的时刻，但是，有谁会长久地站在你的身边呢？除了自己，你别无他物。有人帮你，是你的幸运；无人帮你，是公正的命运。没有人该为你去做什么，因为生命是你自己的，你得为自己负责。

心灵体验

人世纷纭复杂，坎坷曲折，所以我们需要朋友与亲人的帮助与呵护。但他们只是你生命中的匆匆过客，你的路需要自己好好走下去，因为生命是你自己的，你应该学会为自己负责。

放飞思维

1.小林在分析时，谈"我"的问题的实质是什么？

2.作者是怎样引出"责任"这一话题的？你同意心理学家的分析吗？为什么？

3.在漫漫人生旅程中，你打算怎样"为自己负责"呢？

一只橄榄球

◆［美］比尔·雪莱

> 阵阵寒风吹走了金秋，带来了严冬，也带来了爷爷一次又一次体力的崩溃。他脸色苍白，全身无力地躺在床上，再不能说话，再不能下床，而他的眼神里却始终写着勇士般的执著，右手一直轻轻地握着那只橄榄球，直到生命最后一刻。

在死亡线上挣扎的时候，他不断地捏着那只橄榄球——不断地祈求，不断地希冀，直到生命最后一刻。

"比尔，告诉你个坏消息，"奶奶在电话里哽咽着，"你爷爷，他中风了！"

"什么，中风了？"我的心突然收缩了，"我，我马上就来。"

一路上，我被这突如其来的消息深深攫住，无论如何也不能使自己相信这一现实。爷爷，中风？不可能。

爷爷是一个坚强的男子汉，身高 1.95 米，70 岁上，依然是敦实的胸脯，粗壮的胳膊和一头已经遗传给我的微红的发。他的腭固执地向前突出，不过，与其说是固执倒不如说它是一种冷静的执著，或者说是人们称之为刚毅的那种神气。

孩提时代的夏日，常常因为爷爷的到来而多了几分乐趣。凉爽的早晨，拿着鱼竿的爷爷把我从甜梦中轻轻推醒，然后我们就一起光着脚走向湖边。

爷爷是一个非常寡语的人，我们彼此很少交谈。他想告诉我怎样处理捕来的鱼时，总是不断地示范而很少说什么。这就是爷爷的特点，他总是希望别人自己去体会，自己去琢磨。用他的话来说就是："世上无难事，只怕有心人。"

然而，就是这么一个可爱的老人，这会儿无奈地躺在了病床上，床单覆盖下的宽阔胸脯也几乎静止，输液用的瓶、管无言地围绕着他。

爷爷的右半身瘫痪了，几天后，他便开始着力恢复右手手指仅剩的一点活力。一天清晨，父亲给爷爷带来一个小盒，里面装着一只小孩玩的橡皮橄榄球，把它放在爷爷手心里，大小正合适。

"使劲捏，"父亲说，"这样你的手指就有力了。"

爷爷费了多大的劲啊！一小时又一小时，他不断地捏着，渐渐地，脸上沁出了亮亮的汗珠。几个星期以后，慢慢地，他的手指一个又一个地开始恢复感觉。

几个月后的一天，爷爷坐在挨着窗户的轮椅里，突然轻叫了一声，橡皮橄榄球也随之滚到了地板上。奶奶跑到他跟前时,他已经像一个泄了气的玩具熊一样瘫软在轮椅里。

"捏,捏,都是白搭!"再次火速赶往医院时,我心里不断地嘀咕着。他不能说话,可一直用眼睛示意。瞧,爷爷的眼睛又在说话了。

"您是要橄榄球吗,爷爷?"我兴奋地问他。

爷爷吃力地在嘴角挤出一丝微笑,我轻轻地把那个橡皮玩具放到他手中。

一天又一天,一周又一周,俄克拉荷马大草原的青青绿草,在夏季烈日的烘烤下,又一次变成了古铜色,而爷爷依旧不断地在捏着他那只橄榄球。虽然他说起话来仍然缓慢而不均匀,却总能让人听明白,而且他还能自豪地举勺吃饭呢!

阵阵寒风吹走了金秋,带来了严冬,也带来了爷爷一次又一次体力的崩溃。他脸色苍白,全身无力地躺在床上,再不能说话,再不能下床,而他的眼神里却始终写着勇士般的执著,右手一直轻轻地握着那只橄榄球,直到生命最后一刻。

中风后两年他去世了。在他离开我们以后,我时常想起那只橄榄球,也常常记起爷爷曾经怎样地拒绝放弃。

转眼20个年头过去了。那年春天,我回父母家中过复活节,提起了爷爷的那只橄榄球,在向我十几岁的孩子们提起这段往事时,我不禁潸然泪下。"他从不曾放弃,"我对孩子们说,"直到生命之火燃尽的那一刻,他还在费力地捏那只橄榄球。"

"没想到这件事给你留下这么深刻的印象。"父亲说。

第二年,我自己的家庭遇到了很大的困难。我被迫辞职,当上了农艺顾问,可当时农业很不景气,眼看着我的农艺顾问也当不下去了。

就在我们面临生活困难、几近绝望的当口,我接到了装着那只橄榄球的邮包。"比尔,我的孩子,"父亲在他那龙飞凤舞的信中说,"那年,在你爷爷葬礼结束后,我把这橄榄球带回了家,看来,现在该把它交给你了。"

那一刹那,我一句话也说不出来了。过了好一会儿,我才小心地取出裹在薄绢里的小橄榄球,恭谨地把它放到桌子一角。

以后很长一段时间,我都挣扎着惨淡经营,可结果还是彻底失败了。沉浸在这种失败后的痛楚之中,我漠然又默默地坐在桌前。一束窄窄的光线穿过百叶窗,斜斜地照亮了那只橄榄球,令我出神地凝望着它。我把这希望的象征物握在手心,一个劲儿地捏了起来。

蓦地,空中飘来爷爷的声音:"孩子,你这么不停地捏,有意义吗?"

这声音在我耳畔久久回荡,有意义吗?有意义吗?"有!爷爷,有意义!"是我轻声回答,"只要我还有一口气,就要不停地捏下去。"

可是很快我的心田又飘来一个回声：不行了，不行了，已是山穷水尽了。我又无奈地问自己，是真的吗？这是真的吗？

这时候，我无助地痛哭起来，一任泪水大颗大颗地滚落，但是我知道，这是蕴含着坚强和不屈的泪水。失败的痛楚随泪水而去，心中升起天堂般的平和。能做的都做了，我付出了所有能够付出的代价，但确实是日已薄暮了。

生命自有它在冥冥中就被安排了的轨迹，很快，我们就告别了那一段难挨的日子。那次的失败逼着我进行了又一次冒险，我成功了，一家人又过上了小康生活。一天，我们听说好友玛杰里住进了医院。她头年动过癌症手术，这次是复发了。我来到玛杰里的病房，见她斜靠在枕头上，面容憔悴，眼里因痛苦而布满阴云。

"去年，我打赢了，可这回……"玛杰里说不下去了。一股寒气从我心头缓缓流过。她，在放弃。

"玛杰里，"我握着她的手，"我想送你件东西。"说着便从外衣口袋里掏出爷爷的那只橄榄球，还告诉她一个老人不曾放弃的故事。"我坚信，神会特别恩惠那些从不放弃的人。玛杰里，答应我，你会不停地捏这个橄榄球。"

她笑了，她捏了。进入病房以后，我第一次看到她眼里露出一线光芒。

8个星期以后，玛杰里还是去世了。但是，我可以向上帝保证，她不停地捏那只橄榄球，直到进入天国。

红尘中，如果我们别无选择……

心灵体验

爷爷和玛杰里为了生命而费力捏橄榄球的永不放弃的精神启示我们：只要我们继续努力，不言放弃，希望之火便会永远燃烧，生命需要希冀，所以我们不能放弃。

放飞思维

1. 文中作者为什么要刻意描绘爷爷的外貌？
2. 文中"我"为什么要将橄榄球送给玛杰里？
3. 一个橄榄球意味着什么样的精神？

关照自己

◆佚 名

有一年冬天，年轻的哈默随一群同伴流亡到
美国南加州一个名叫沃尔逊的小镇上，在那里，他
认识了善良的镇长杰克逊。

黑人杰西克·库恩是当时纽约一家名不见经传的小报记者。因为种族歧视，在
那家报社中他感到四面楚歌，受人排挤。与别人交往更成了他最头疼的事情。

那时，石油大王哈默已蜚声世界，报社总编希望几位记者能采访到哈默，以提
高报纸的声誉与卖点。

杰西克便在心底暗暗发誓，一定要独立完成稿子，以便让他们不再轻视自己。

有一天深夜，杰西克终于在一家大酒店门口拦住哈默，并诚恳地希望哈默能
回答他的几个简短问题。

对杰西克的软磨硬缠，哈默没有动怒，只是和颜悦色地说："改天吧，我有要事
在身。"

最后迫于无奈，哈默同意只回答他一个问题。

杰西克想了想，问了他一个最敏感的话题："为什么前一阵子阁下对东欧国家
的石油输出量减少了，而你最大的对手的石油输出量却略有增加。这似乎与阁下
现在的石油大王身份不符。"

哈默依旧不愠不火，平静地回答道："关照别人就是关照自己。而那些想在竞
争中出人头地的人如果知道，关照别人需要的只是一点点的理解与大度，却能赢
来意想不到的收获，那他一定会后悔不迭。关照，是一种最有力量的方式，也是一
条最好的路。"

哈默离去后，杰西克怅然若失地呆站街头。

直到10年后，他在有关哈默的报道中读到这样一个故事——

在哈默成为石油大王之前，他曾一度是个不幸的逃难者。有一年冬天，年轻的
哈默随一群同伴流亡到美国南加州一个名叫沃尔逊的小镇上，在那里，他认识了
善良的镇长杰克逊。

可以说杰克逊对哈默的成功起了不可估量的作用。

那天，冬雨霏霏，镇长门前的花圃旁的小路便成了一片泥淖。于是行人就从花
圃里穿过，弄得花圃一片狼藉。哈默也替镇长痛惜，便不顾寒雨浇身，一个人站在

雨中看护花圃,让行人从泥淖中穿行。这时出去半天的镇长笑意盈盈地挑着一担炉渣铺在泥淖里。

结果,再也没人从花圃里穿过了。最后镇长意味深长地对哈默说:"你看,关照别人就是关照自己,有什么不好?"

从那以后,杰西克与报社其他同事坦诚相处。他知道,理解和大度最容易缩短两颗敌视的心之间的距离,而关照就是两颗心之间最美的桥梁。

同事们不再排挤他了,亲切地喊他"黑蛋"。直到多年后,他卸下报社主编的重担,一人隐居乡间安享晚年的时候,围着他蹦蹦跳跳的不同肤色的孩子们也喊着他"黑蛋",因为,他的邻居们真的已记不得他叫什么名字了。

心灵体验

每个人的心都是一个花圃,每个人的人生之旅就好比花圃前的小路。而生活的天空又不尽是风和日丽,也有风霜雨雪。本文用朴素的语言,并不复杂的故事揭示了一个既简单又深刻的道理:关照别人就是关照自己。敬人者,人恒敬之,只有自己先献出爱心,才有希望得到别人的关怀。

放飞思维

1.你怎样理解"关照别人就是关照自己"这句话的真正涵义?

2.为什么说杰克逊对哈默的成功起了很重要的作用?从石油大王哈默的成功中你得到了什么启示?

3.为什么人们都喊他"黑蛋"而不记得他的名字?

梦想与现实

◆[美]洛伊·塞伯尔德　詹妮译

后来他康复出院,幸福地住在47层的公寓中,欣赏着孩子们悦耳的声音、妻子深褐色的眼睛以及精美的花鸟画。晚上他注视着大海,心满意足地看着明明灭灭的万家灯火。

从前有个男孩子住在山脚下的一幢大房子里。他喜欢动物、跑车与音乐。他爬树、游泳、踢球,喜欢漂亮的女孩子。他过着幸福的生活,只是经常要让人搭车。

一天男孩对上帝说:"我想了很久,我知道自己长大后需要什么。"

"你需要什么?"上帝问。

"我要住在一幢前面有门廊的大房子里,门前有两尊圣伯纳德的雕像,并有一个带后门的花园。我要娶一个高挑而美丽的女子为妻,她的性情温和,长着一头黑黑的长发,有一双蓝色的眼睛,会弹吉他,有着清亮的嗓音。"

"我要有三个强壮的男孩,我们可以一起踢球。他们长大后,一个当科学家,一个做参议员,而最小的一个将是橄榄球队的四分卫。"

"我要成为航海、登山的冒险家,并在途中救助他人。我要有一辆红色的法拉利汽车,而且永远不需要搭送别人。"

"听起来真是个美妙的梦想,"上帝说,"希望你的梦想能够实现。"

后来,有一天踢球时,男孩磕坏了膝盖。从此,他再也不能登山、爬树,更不用说去航海了。因此他学了商业经营管理,而后经营医疗设备。

他娶了一位温柔美丽的女孩,长着黑黑、长长的头发,但她却不高,眼睛也不是蓝色的,而是褐色的。她不会弹吉他,甚至不会唱歌,却做得一手好菜、画得一手好花鸟画。

因为要照顾生意,他住在市中心的高楼大厦里,从那儿可以看到蓝蓝的大海和闪烁的灯光。他的屋门前没有圣伯纳德的雕像,但他却养着一只长毛猫。

他有三个美丽的女儿,坐在轮椅中的小女儿是最可爱的一个。三个女儿都非常爱他们的父亲。他们虽不能陪父亲踢球,但有时他们会一起去公园玩飞盘,而小女儿就坐在旁边的树下弹吉他,唱着动听而久萦于心的歌曲。

他过着富足、舒适的生活,但他却没有红色的法拉利。有时他还要取送货物——甚至有些货物并不是他的。

一天早上醒来,他记起了多年前自己的梦想。"我很难过,"他对最好的朋友说,"从前我梦想娶个身材高挑、黑头发、蓝眼睛、会弹吉他、会唱歌的女人。然而我妻子不会弹吉他,不会唱歌。她的眼睛是褐色的,个儿也不高。"

"但你的妻子温柔美丽,"朋友说,"还画得一手好画、做得一手好菜。"

他却听不进去。

"我很难过,"有一天他向妻子坦白,"从前我梦想住在一幢有门廊的大房子中,门前有两尊圣伯纳德的雕像,并有一个带后门的花园。然而现在,我却住在47层的公寓里。"

"但我们的公寓很舒适,坐在沙发上就可以看到大海,"妻子说,"我们有爱,有欢笑,有画中的鸟和长毛猫——更不用说还有三个美丽的女儿。"

他却听不进去。

"我很难过，"他对医生说，"以前我梦想长大后成为冒险家，然而现在，我却是个平庸的膝盖有伤的商人。"

"但你所卖的医疗设备救治了许多人的生命。"医生说。

他却听不进去。

"我很难过，"他对会计说，"以前我梦想有一辆红色的法拉利，永远也不需要搭送别人。然而现在的车几乎成了公共运输工具，有时我还要自己清洗。"

"但你却能穿高档服装，进高级餐馆，去欧洲旅行。"会计说。

他却听不进去。

"我很难过，"他对牧师说："以前我梦想有三个儿子：一个科学家、一个政治家、一个四分卫。然而现在我却有三个女儿，最小的一个甚至不能走路。"

"但你的女儿聪慧、漂亮，"牧师说，"她们都非常爱你，也都很有作为，一个是护士，一个是艺术家，最小的是音乐教师。"

他却听不进去。

最后他终于悲伤得病倒，住进了医院。一天夜里，所有人都回了家，病房中只留下护士。他对上帝说："还记得我是个小男孩时，对你讲述过我的梦想吗？"

"那是个可爱的梦想。"上帝说。

"你为什么不让我实现我的梦想？"他问。

"你已经实现了。"上帝说，"只是我想让你惊喜一下，给了一些你没有梦想到的东西。"

"我想你该注意到我给你的东西：一位温柔美丽的妻子，一份好工作，一处舒适的住所，三个可爱的女儿——这是个最佳的组合。"

"是的，"他打断了上帝的话，"但我以为你会把我真正希望得到的东西给我。"

"我也以为你会把我真正希望得到的东西给我。"上帝说。

"你希望得到什么？"他问。他从没想到上帝也会希望得到东西。

"我希望你能因为我给你的东西而快乐。"上帝说。

他在黑暗中静想了一夜。他决定要有一个新的梦想，他要让自己梦想的东西恰恰就是他已拥有的东西。

后来他康复出院，幸福地住在47层的公寓中，欣赏着孩子们悦耳的声音、妻子深褐色的眼睛以及精美的花鸟画。晚上他注视着大海，心满意足地看着明明灭灭的万家灯火。

心灵体验　　每个人都有梦想，但生活并非总能如人所愿。有时梦想与现实的差距很大，你会为此而难过落泪，但人生的路你还得走下去。

69

所以我们必须面对现实,学会在现实中挖掘快乐,学会抛弃难过与泪水、遗憾和抱怨,那时,你会发现生活处处都充满笑声。

放飞思维

1.文中反复写"我很难过……他却听不进去"你认为他应该难过吗?

2.他康复的原因是什么?同样的生活为什么他又感到幸福而满足呢?

3.当梦想与现实不能统一时,以本篇文章给你的感悟,谈谈你将如何选择?

尘世的风景

◆罗 西

我还看见他用扫帚对准了地上的一个烟蒂,摆出打高尔夫球的姿势,一杆把烟蒂挥入距离二三步远的畚箕内,还顽皮地对我扮了个鬼脸……

优雅的清洁工

在老家的县城,有一位年轻英俊的清洁工,他每天早晨拉着垃圾车经过我家楼下时,都会晃动他手上的摇铃。当我提着垃圾袋走向他时,他总是微笑着,在垃圾车旁,优雅地做个"请"的姿势,就像在说"欢迎光临"。

他总是打扮得很整洁,甚至时髦,干干净净的,像是在做一件很体面、荣耀、骄傲的事。有一次,我还看见他用扫帚对准了地上的一个烟蒂,摆出打高尔夫球的姿势,一杆把烟蒂挥入距离二三步远的畚箕内,还顽皮地对我扮了个鬼脸……

我不知道他的名字,只知道他正值青春年华。原先他在省城一家宾馆里当迎宾先生,后来因为老父病重,便回老家照顾病人,同时兼做了一名清洁工。

在与垃圾打交道中,他总能抱着一颗感激的心,因为有事做是最重要的。被他优雅、自信、有礼的言行所感动,每次倒垃圾时,我都不忘说声"谢谢"。对此,他很激动。他说他永远不会看轻自己,但仍然在乎别人的尊重与肯定。

他把"劳动"两个字演绎得尊贵无比。

一天见他一次，真是三生有幸。因为，他不仅帮我们带走了生活垃圾，也净化了我们日渐蒙尘的内心。

朗读残破的脸

被丧心病狂的男友毁容后的台湾女孩曾德惠，从容地站在记者面前。她面目全非，但仍调侃地说："如果大家看到我洁白的牙，说明我在笑!"经过40多次手术，痛得她没空想别的，包括去恨什么人。

为了谋生，她上街兜售干燥花香包；为了未来，她决心上大学，但必须从高中读起……"我没有手了，没有耳朵、没有鼻子，嘴巴合不拢，最要命的是，连胸部都烧掉了。"

她讲得很轻松，像在讲别人的故事，不过，她担心以后没有男人会再爱上自己。有一次，她去影院看恐怖电影《贞子》，上厕所出来，她说，没被"贞子"吓倒的观众，反而被我给吓倒了!

她笑着说，听的人却难过不已。

每次出门，她会在全身惟一完好的部位——10个脚趾上涂层蓝色指甲油，以提醒自己曾经有过的美丽。

可敬的曾小姐没有扔掉镜子，因为她要面对现实，有时，这比面对死亡更需要勇气!

心灵体验

虽然只是一名清洁工，却把"劳动"二字演绎得尊贵无比，把生活演绎得丰富多彩，用自己辛劳的汗水净化我们日渐蒙尘的心灵。虽然她带着一张残破的脸，却有一颗笑对生活的勇气之心，读着《尘世的风景》，我只能感到一种敬意在心头涌动。

放飞思维

1. 为什么作者说他把"劳动"演绎得尊贵无比，你认为呢？
2. 《优雅的清洁工》很注意细节上的描写，请认真体会。
3. 读《朗读残破的脸》，你有何感想，谈一谈你的体会？

雪白的栅栏

◆ 蒋成红

> 我独自一人生活,可有许多人到这里来。他们喜欢看到真正漂亮的东西,有些人见到这栅栏后便向我挥手,几个像你这样的人甚至走进来,坐在门廊上跟我聊天。

当我的丈夫杰瑞因脑瘤去世后,我变得异常愤怒,生活太不公平,我憎恨孤独。孀居三年,我的脸变得紧绷绷的。

一天我在小镇拥挤的路上开车,忽然发现一幢我喜欢的房子周围竖起一道新的栅栏。那房子已有一百多年,颜色变白,有很大的门廊,过去一直隐藏在路后面。如今马路扩展,街口竖起了红绿灯,小镇已颇有些城市味,只是这座漂亮房子前的大院已被蚕食得所剩无几了。

可泥地总是打扫得干干净净,上面绽开着鲜艳的花朵。我注意到一个系着围裙、身材瘦小的女人,耙着枯叶,侍弄鲜花,修剪草坪。

每次我经过那房子,总要看看迅速竖立起来的栅栏。一位年老的木匠还搭建了一个玫瑰花阁架和一个凉亭,并漆成雪白色,与房子很相称。

一天我在路边停下车,长久地凝视着栅栏。木匠高超的手艺令我几乎流泪。我实在不忍离去,索性熄了火,走上前去,抚摸栅栏。它们还散发着油漆味。我看见那女人正试图开动一台割草机。

"喂!"我喊道,一边挥着手。

"嘿,亲爱的!"她站起身,在围裙上擦了擦手。

"我在看你的栅栏。真是太美了。"

她微笑道:"来门廊上坐一会儿吧,我告诉你栅栏的故事。"我们走上后门台阶,她打开拉门。我不由欣喜万分,我终于来到这美丽房子的门廊,喝着冰茶,周围是不同寻常又赏心悦目的栅栏。"这栅栏其实并不是为我设的。"那妇人直率地说道,"我独自一人生活,可有许多人到这里来。他们喜欢看到真正漂亮的东西,有些人见到这栅栏后便向我挥手,几个像你这样的人甚至走进来,坐在门廊上跟我聊天。"

"可面前这条路加宽后,这儿发生了那么多变化,你难道不介意?"

"变化是生活中的一部分,也是铸造个性的因素,亲爱的。当你不喜欢的事情发生后,你面临两个选择:要么痛苦愤懑,要么振奋前进。"当我起身离开时,她说:"任何时候都欢迎你来做客,请别把栅栏门关上,这样看上去很友善。"

我把门半掩住,然后启动车子。内心深处有种新的感受,我没法用语言表达,只是感到,在我那颗愤懑之心的四周,一道坚硬的围墙轰然倒塌,取而代之的是整洁雪白的栅栏。我也打算把自家的栅栏门开着,对任何准备走近我的人表示出友善和欢迎。

心灵体验　　　文章似乎写的是平淡的生活小事。但这实在是小事不小,它反映了生活中的某些哲理性的东西。作品中的人物语言含蓄隽永,读来如嚼干果,令人回味无穷。

放飞思维　　　1.人生难免遭遇坎坷与不幸,正如女主人所说的"你将面临两个选择:要么痛苦愤懑,要么振奋前进。"你觉得女主人是怎样选择的?她快乐吗?

2.这座漂亮房子前的大院为什么被吞食得所剩无几了?

3.文章结尾说:"内心深处有种新的感受,我没法用语言表达,只是感到,在我那颗愤懑之心的四周,一道坚硬的围墙轰然倒塌,取而代之的是整洁雪白的栅栏。"这句话的含义是什么?

早班车厢里的故事

◆宜真　编译

从那以后,每天早晨,查利都要带一束鲜花上车。鲜花把车厢装点得鲜亮美丽,我们的心情也变得轻松愉悦起来。

20年前,我们这帮地位低下干着粗活的建筑工人每天挤着早班车,半睡半醒的我们把蓬乱的头钻缩在脏兮兮的衣领里面,阴沉着脸,互不搭理。

一天,一个陌生的家伙加入到我们中间。大家懒得多看他一眼,他上车时先和司机打招呼:"先生,你好!"在他就座之前又转身朝后面的我们友好地笑笑。司机毫无表情地点点头，其余的人态度冷漠。

第二天这个家伙情绪高昂地跳上车。他笑容满面地问候："各位早上好！祝大家一天都开开心心！"我们这帮粗人对此感到诧异和莫名其妙，我们中的两三个人愣愣地看了他一眼，不情愿地咕哝着："好！"

第二个星期，我们更惊奇了。这个家伙竟穿上了一套旧式的西服，系着一条同样过时的领带，很明显，他稀疏的头发精心梳理过。他每天都快乐地向我们问好，渐渐地，我们大家也开始偶尔和他点头和搭话了。

一天早晨，这个家伙抱着一束鲜花走进了车厢。"一定是送给你女朋友的吧？查利。"司机微笑着问道。其实，我们不知道他是不是叫查利，但这并不重要。查利略微害羞地点点头，说是的。

我们这帮人热烈地鼓起掌来，有的还吹起俏皮的口哨。查利鞠躬表示谢意，然后又把那束花高高举起，像芭蕾舞演员一般优美地转了几圈，然后才坐到位子上。我们大家都看呆了，掌声再次响彻车厢。

从那以后，每天早晨，查利都要带一束鲜花上车。鲜花把车厢装点得鲜亮美丽，我们的心情也变得轻松愉悦起来。慢慢地，我们中的有些人也开始带花插入查利的那束花中。我们互相推搡着笨拙慌乱地把花插进去，黝黑的脸上闪着平常难见的柔情，柔情中又透着明显的难为情。"你好！""你好！""你好！"大家开始笑着互相问长问短，兴致勃勃地开着玩笑，分享看报纸上的各类趣闻。

可是，那个早晨，查利没有像往常那样出现在他等车的老地方。一天、两天、三天过去了。我们猜想他是不是生病了，或者，往好的方向想，他休婚假了。

星期五那天，我们几个人来到查利每次下车后走进去的那家公司，并让司机等我们一会儿。走进那扇大门时，我们每个人都很紧张。

"我们公司没有叫查利的，但从你们描述的情况来看，他应该是我们公司的清洁工人戴文。"接待室的人告诉我们，"但是最近几天，他有点事没有来公司上班，不过你们放心，他很好。"很多天以后，在老地方，我们果真等来了查利。看见他我们都很高兴，热烈地上前拥抱他，有的人甚至快要哭了。这个原本与我们格格不入的家伙，却给我们这些情感粗硬麻木的建筑工人带来了柔情，用他的鲜花和微笑唤醒了我们内心深处最柔软的东西，让我们学会了传递关爱和快乐，也懂得了分担悲伤和痛苦。"我的一位朋友去世了。"查利说，神情很伤感。此时，我们也都缄默无语了，每个人的眼睛都潮潮的，紧紧握住查利的手。

那一刻我才知道，人与人的情感是一样的，它高贵、温暖、柔软，不能因为生活的艰苦、状况的不堪就忽略它的存在，那些快乐、悲伤、友好、爱情……

我们的手，紧紧地握住了查利的手。

心灵体验

　　生活中的奇迹，其实就发生在你不经意的言行之中，一句亲切的问候，一个友善的微笑，一束美丽的鲜花，都会成为美的定格，它不仅温暖了自己的人生，而且美化了别人的生活。请不要吝惜你的微笑，因为美好的生活就是一个微笑那么简单。

放飞思维

1. 查利给车厢里的人带来了哪些变化？
2. 大家知道"查利"名叫"戴文"后，为什么还以"查利"称呼他？
3. 请以简洁精炼的语言概括作者的写作意图。

寻找生命归宿地的年轻人

◆周　涛

　　秋天的时候，老人对年轻人说："你不是一直要死吗？对不起，为我的事耽误了你这么久。现在，你可以去死了。"

　　从前，有个年轻人，他很忧郁，总觉得自己生活得很不幸。他从来没有愉快过，更没有笑过，总是皱着眉头，阴沉着脸，头发长得很长他也不剪，懒得做任何事。

　　在家人的苦心劝说下，他去跟一位画师学画画。他很聪明，只学了三个月，就掌握了不少的技巧。第四个月上他离开了画师，说："这玩意儿没什么可学的！"

　　他又跟一个商人学习做生意。他仍然很聪明，只学了半年，就碰上一次好运气，他发了财，赚了不少的钱。到了第七个月上，他离开了商人，说："这玩意儿也没什么可学的！"

　　第三次他遇到了一个哲学家。他跟哲学家学了一年，他觉得悟透了人生的道理，那就是一切都没意思，一切努力最终都会被死神一笔勾销，他认识到死是伟大的，只有死才是永恒，除此之外，一切都是短暂的。

　　于是他离开了哲学家，准备寻找一个他最满意的地方，然后结束自己的生命。他走啊，走啊，走了很多地方，都觉得不是理想的自杀地。后来，他到了昆仑山下的一片林子里。

"很好。"他心想,这个地方是最适合的位置,位于昆仑山下就算到极地,空气干燥,流沙移动可避免尸体腐化,说不定能成为木乃伊保存到后世。何况这里人烟稀少,他死后可以清静,免除尘世喧嚣。他想好了,准备就在这地方安息长眠,明天就上吊。

第二天,他来到一棵500年的核桃树下,正准备死,碰到一位白须垂胸的老人。老人正吃力地搬一辆陷进水渠里的毛驴车轮子,看见他站在树下,便对他说:"年轻人!你站在那里干什么,为什么不来帮我一下?"

年轻人觉得老人的要求是合理的,就跑过去帮他搬车子,他想,搬完车子再死也不迟。等到搬完车子,天已经快黑了,老人一定要感谢他,留他吃饭,他推辞不掉,心想,吃完饭再死也不迟。

就这样,老人不断地请他帮忙。植林带,不然流沙就会埋掉房屋啦;修水渠,不然庄稼就会干枯啦;种葡萄,不然夏天院子里就没地方乘凉啦。一件事又一件事,年轻人没有理由推辞,只好干下去,一天天推迟死期。

秋天的时候,老人对年轻人说:"你不是一直要死吗?对不起,为我的事耽误了你这么久。现在,你可以去死了。"

年轻人看着这块美丽的田园,林带、葡萄架、堆满粮食的谷仓、长满绿草的水渠两岸,还有新盖的房子、盛开的鲜花……这一切,全都和自己的汗水有关系,让他舍不得了。

他决定不死了,和老人好好活下去。

他又画开画了,画得非常好,而且他会做生意,卖画赚了不少钱。最后他开始总结和思考这里的人生意义,准备写一部哲学著作,题目就叫《生存智慧》。

据说,这个年轻人现在还活在世上。

心灵体验

　　年轻不是生命的全部,当徘徊在人生十字路口时,生活中的一个小小的举动就足以改变一个人的生命历程,这其中就隐含了一种智慧。悟到了这种智慧,生命将会重新起飞,生活将会充满阳光。

放飞思维

　　1.小说第2、3段写年轻人学画画,学做生意,都取得了良好的效果,可他后来为什么想到了死呢?作者这样写的意图是什么?

　　2.文中老人不断请年轻人帮忙的真实用意是什么?

　　3.怎样理解文末"据说,这个年轻人现在还活在世上"这句话的含义?

生活原本是洁白的

◆孔 明

> 作家忽然有了冲动，很想把妇人拥抱一下。他
> 当然没有。等看不见那对夫妇了，作家拥抱了路边
> 一棵银装素裹的白杨树。四望，冰天雪地的深山真
> 白、真美呀！

这是我听来的故事，很美。

上世纪 60 年代的一个冬天，天下着雪，一位逃难到深山的作家迷了路。夜幕降临，四望白色茫茫，作家又渴又饿又冷，又听见狼嗥。他怕得要命，隐隐约约看见远方有房子，就不顾一切奔过去，急叩门环，里面没有声息。他只得哀叫："有人吗？有人吗？"回应他的依然是狼嗥，而且显然声音在逼近。他绝望了，但他依然哀叫："有人吗？有人吗？"他几乎就要倒地的时候，门开了。他一个趔趄闪进去，门立即又关上了。屋里漆黑一团，伸手不见五指。仍然能听见狼嗥，但他不怕了。这时候，渴、饿、冷、累、瞌睡，都开始折磨他。他忍着，主人不吱声，他决心也不吱声。渐渐地，他看清了一个人影在晃动。眼前忽地出现了火苗，微弱的光使那个人影变得清晰，脸显然被黑布包裹着。他看见火在跟前燃烧起来，一碗热水也放到了他跟前。他立即端起碗，两手抱着。热热的水，味道真甜美呀！肚子暖和了，又闻见土豆烤熟了的香味。他从火灰里刨出一个土豆，连皮带灰囫囵着吃掉了。接连吃了 10 多个。吃饱了肚子，感觉好极了。那人影已经上炕躺下了。他想："十之八九是个古怪的老头吧？这么冷的天，应该不反对我睡炕上。"顺势上了炕。炕上真暖和呀，却睡不着，狼还在嗥叫。他看见了露在被子外的脚。朦胧入睡的时候，他觉得那是女人的脚，可是她睡着了。醒来，天已大白。翻身坐起，窥视纸糊的窗外，洋洋洒洒的飞雪里，竟然立着一个妇人。一身黑的粗布衣服，掩盖不了美的身姿。她正用雪擦脸，脸蛋儿立即红润了，那脸的确好看。她把洁白的雪往簸箕上掬，然后端起来。妇人走回屋时，作家立即倒下装睡。眯缝着眼看见妇人把一簸箕雪倒进锅里。奇怪的是她烧火的时候，给自己脸上又抹了把灰。作家下了炕，向妇人鞠了一躬，便朝门外走。那妇人撂过来话："雪封山了！"妇人的声音非常甜润。他说："谢谢！"心里头却想："我没有打算走呀！"照着妇人刚才的动作，用雪"洗"了把脸。回屋看妇人忙活，妇人问："会不会劈柴？"他就劈柴，妇人不说话，他也不说话。他知道自己是个身强力壮、血气方刚的男人，对一个山村独居的年轻漂亮的妇人而言，像昨夜嗥叫不去的

狼,很危险。好在他的为人他心里有底儿,所以一直坦然。共住了7天,妇人吃土豆,他吃土豆,妇人做活儿,他也做活儿;妇人睡觉,他跟着睡觉。睡一个炕,不能说他纯洁得没有胡思乱想过。他事后说:"还好,我挺了过来!"7天后,妇人的丈夫回来了。原来他出山换粮,被雪阻在了山外。他没有任何不满的表示,反而让媳妇做了碗面,炒了盘土豆,给作家送行。妇人向作家道歉说:那晚我迟迟不敢开门,我怕又遇见坏人!"妇人的丈夫补充说:"两年前,我不在家,我媳妇接纳了一个投宿的人,结果……"作家抬起头,盯着妇人说:"你的脸不抹灰更美呀!"妇人立即跑出去,用雪"洗"白了脸。作家心想:用雪"洗脸",不一样就是不一样。就把自己手腕上的表给了妇人的丈夫。那年那月,对普通人来说,有一块手表已经很阔了。作家走时,那一对夫妇送了他很远。作家忽然有了冲动,很想把妇人拥抱一下。他当然没有。等看不见那对夫妇了,作家拥抱了路边一棵银装素裹的白杨树。四望,冰天雪地的深山真白、真美呀!

人与人之间,本来应该如此呀!生活原本是洁白的,只可惜我们有些人没有好好把握自己,把本来洁白的生活给弄脏了。

心灵体验　　读罢此文,我们不禁被文中住在深山老林的这对夫妇深深震撼了:他们是纯洁的,洁白的一如这四望白茫茫的雪。在他们眼里,怎能分清到底哪是作家一类的人而哪又是两年前的投宿人一类呢?在投宿之前的处境难道不是一样吗?

放飞思维　　1.媳妇用灰蒙面体现了她当时怎样的心境?
　　2.文中最后一段话突出了一个什么主题?

还是快乐地生活吧

◆ 花剌子模

> 越往后翻，我发现妇人的本子上记的事情越来越琐碎，都只是生活中一些极平常的小事；而且那根曾经起伏跌宕的曲线也越来越趋于平和，几乎都是在横坐标轴的上方与横坐标轴平行着向前延伸，只偶尔有一些小小的起伏，却都没有下降到坐标轴的下方。

今天的心情糟糕透顶，我抱着书本怒气冲冲地向公共汽车站走去。在学校里，我的数学测验考得一塌糊涂，上专业课迟到被教授留了下来，临走时管理微机的老师还向我发难，威胁要把我的上机成绩改成零分，我和她大吵了一架，一摔门走了。等我走出教学楼，竟然看到我的男朋友在向外系的一个女生献殷勤，脸上洋溢着我原本以为只属于我的傻笑。我真想走上去一脚把他永远踢到月球上，可是我无暇再去管其他的事了，我怒气冲冲地走出校门，我不知道自己要去哪里，但是我一分钟也不想待在这个该死的学校里了。

随便上了一辆公共汽车，我走到一个空位前面，狠狠地将书摔在座位上，让这些该死的东西都见鬼去吧。

"哗啦"一声，我听见书掉在地上的声音，抬头一看，才发现我摔书时碰到了邻座的那个妇人，她手上的资料落到地上，撒开得到处都是。我感到非常抱歉，赶紧蹲下身子去捡那些散开的资料。

"对不起。"我一边道歉一边将捡起来的资料交到妇人手上。这些都只是一些普通的纸，但是其中有一样却引起了我极大的兴趣，那是一本书大小的手工装订好的坐标图纸，从那稍微发黄的纸张上可以看出这本图纸有些年代了。图纸每一页的中间贯穿着一根长长的坐标轴，一根曲线围绕着坐标轴上下起伏，绕出一个个的波浪，就像是正弦函数的坐标图一样，但那些起伏的波浪并不对称，而且在曲线上还标记着很多值点，每一个点旁边都用极小的字写下了密密麻麻的注释。

这真是一本奇怪的函数图，我在心里默默地想，先前带上车来的怒气也因此消散大半。

"谢谢！"妇人从我手中接过图纸时，两眼饶有兴趣地盯着我看。

"你大概以为这是一本函数图吧？其实不是的，这是我的日记。"

"什么？日记?"听见她的这句话我顿时来了兴趣。

"是呀，很多人都爱写日记，我也不例外，但是，我不太擅长用文字来记叙自己的生活，以前我是学数学的。"妇人微笑着说，脸上带着一丝害羞的表情。

"不过，我从小就喜欢函数图，我觉得它们的曲线实在太迷人了，后来，我发觉生活中的许许多多事情其实就跟这些曲线一样，围绕着坐标轴上上下下地起伏着，你看，多有趣，于是我就用函数曲线来记日记了。我每天都会用一段时间来整理一下自己的心情，根据我的心情好坏来绘制曲线，然后在旁边写上注释。心情好，我就把曲线画到横坐标轴上方，如果明天心情更好，曲线就会一直攀升，或者稍微下降；如果心情特别差，我就把曲线画到横坐标轴下方，如此反复，就给我的生活画出了一张函数图。"妇人边说边摊开本子，指给我看那些函数图。

"你看，"妇人指着一个攀升得很高的波峰对我说，"这是我生下我女儿的时候，那时候我幸福极了，所以我把这根曲线画得特别高。""这是我母亲去世的时候，"妇人又指着一个下降得几乎到了图纸最底端的曲线对我说，"那时候我难过极了，我觉得整个世界都空了许多，所以我把这根曲线画得特别低。"

"对不起。"

"没关系的，傻孩子，一切早就过去了。"妇人反过来安慰我。

妇人又指着图上的一个又一个波峰和波谷向我解释说："这是恢复高考后，我考上大学的日子……这是我女儿生一场大病的日子……这是我当上先进工作者的日子……这是我离婚的日子……这是我女儿考上那所大学的日子……"妇人一个又一个地为我解释着曲线上的起伏，我也听得入迷。翻到后面几页，纸张不像前面的那样泛黄了，看上去很新，像是才装订上去的。

"你看，这是我最近两年记下来的。这是隔壁的黄师傅帮我搬液化气瓶……这是女儿在母亲节送了我一枝粉红的康乃馨……这是我带着小区里的小孩子去春游……这是女儿为了男朋友的事和我吵嘴……"越往后翻，我发现妇人的本子上记的事情越来越琐碎，都只是生活中一些极平常的小事；而且那根曾经起伏跌宕的曲线也越来越趋于平和，几乎都是在横坐标轴的上方与横坐标轴平行着向前延伸，只偶尔有一些小小的起伏，却都没有下降到坐标轴的下方，完全没有前面几页那样的大起大落了。

我觉得很奇怪。

"你一定觉得很奇怪吧，怎么这些曲线都快变成平行线了，而且我记下的都只是生活中的一些事。"妇人看穿了我的心思。

我点头，眼里闪烁着好奇，脑子里也在做着各种各样的猜测。

"其实，也没什么啦，只是现在翻起前面的那些日记，发觉那些曾经令我痛苦不堪的日子好像也没有当时那么严重了，我还觉得当时自己真傻，怎么会浪费那么多时间去做无谓的痛苦挣扎？我完全可以放松自己的心情，去做一些更有意思的事，至少是做一些令自己开心的事。所以我现在每一天都过得很开心，有时候接受了别人的帮助或者是和一些天真的孩子在一起都令我觉得很开心，我觉得每一天都是那么开心。"

"当然，女儿和我吵嘴的时候我还是会烦恼一下的。"妇人指着曲线上的一个小小的下跌对我说，"不过它很快就过去了，我的心情依然很好。"

"你是说，把一切都交给时间？"

"不，时间虽然也是治好一切痛苦的良药，但是，我想生活本来就应该快快乐乐地过。我们本来就不该把如此多的时间浪费在无谓的生气上，没有人喜欢生气，而且很多时候如果我们能够宽容一点儿、想开一点儿，别人轻松，自己也能够过得轻松快乐。"

妇人拍拍我的肩膀说道："这只是我个人对生活的看法，不过，你也可以试试给自己的生活画一张图，用你自己的方式，那一定是一张非常精彩的图。"她用精彩来形容图，我觉得她用得很贴切，我准备回家就去给我的生活画一张图。

我们分手了，我很遗憾竟然没有问清妇人的名字，但她对我说的话在我以后的生活中一直深深地影响着我。我渐渐明白了生活本身的确是酸甜苦辣、丰富多彩的，但做人的情操和理念却是自己可以牢牢把握的，要平和地对待生活中的每一件事，要善意地对待你周围的每一个人，要永远保持一种真诚、友爱、宽容、健康的心态，用心去画好自己的人生之图。

心灵体验

只有热爱生活的人，才会有与众不同而又别致的创意。从女人的日记——函数图的转变中，作者读懂了生活，也给读者以人生的启迪。的确，生活是酸甜苦辣、丰富多彩的。要想绘好自己的生活之图，就要以情操和理念作横轴，以快乐、宽容、真诚、健康的心态作纵轴。

1. 坐标图从曲线归于平行线, 这其中的奥妙是什么?说明了什么?

2. 为什么作者越往后翻, 所记录的都是生活中的小事并且越来越琐碎?

3. 不妨试一试:以自己对生活的看法, 用自己的方式也给自己的生活画一张图。

从改变自己开始

◆朱 砂

　　老和尚注视着他, 良久, 接着又说:"人与人之间, 像这样相对而坐的时候, 一定要具备一种强烈吸引对方的魅力, 如果你做不到这一点, 将来就没什么前途可言了。"年轻人哑口无言。老和尚又说了一句:"小伙子, 先努力改造自己吧……"

　　1930年初秋的一天, 东方刚刚破晓, 一个只有1.45米的矮个子青年从位于日本东京目黑区神田桥不远处的公园的长凳上爬了起来, 他用公园里的免费自来水洗了洗脸, 然后从容地从这个"家"徒步去上班。在此之前, 他因为拖欠了房东7个月的房租已经被迫在公园的长凳上睡了两个多月了。

　　他是一家保险公司的推销员, 虽然每天都在勤奋地工作, 但收入仍少得可怜, 为了省钱, 他甚至不吃午餐、不搭电车。

　　一天, 年轻人来到一家名叫"村云别院"的佛教寺庙:"请问有人在吗?""哪一位啊?""我是明治保险公司的推销员。""请进来吧!"

　　听到"请"这个字, 年轻人喜出望外, 因为在此之前, 对方一听到敲门的是推销保险的, 10个人中有9个会让来人吃闭门羹, 有时即使有人会让推销员进门, 态度也相当冷淡, 更不要说"请"了。

　　年轻人被带进庙内, 与寺庙住持吉田相对而坐。寒暄之后, 他见住持无拒人之意, 心中暗暗叫好, 接下来便口若悬河、滔滔不绝地向这位老和尚介绍起投保的好处来。

　　老和尚一言不发, 很有耐心地听他把话讲完。然后平静地说:"听完你的介绍之后，丝毫引不起我投保的意愿。"年轻人愣住了，刚才还信心十足的他仿佛膨胀的气球突然被人扎了一针，一下子泄了气。

老和尚注视着他，良久，接着又说："人与人之间，像这样相对而坐的时候，一定要具备一种强烈吸引对方的魅力，如果你做不到这一点，将来就没什么前途可言了。"年轻人哑口无言。老和尚又说了一句："小伙子，先努力改造自己吧……"

从寺庙里出来，年轻人一路思索着老和尚的话，若有所悟。

接下来，他组织了专门针对自己的"批评会"，每月举行一次，每次请5个同事或投了保的客户吃饭，为此，他甚至不惜把衣物送去典当，目的只为让他们指出自己的缺点。

"你的个性太急躁了，常常沉不住气……""你有些自以为是，往往听不进别人的意见，这样很容易招致大家的反感……""你面对的是形形色色的人，你必须要有丰富的知识，你的常识不够丰富，所以必须加强进修，以便能很快与客户寻找到共同的话题，拉近彼此间的距离……"

年轻人把这些可贵的逆耳忠言一一记录下来，随时反省、勉励自己，努力扬长避短、发挥自己的潜能。

每一次"批评会"后，他都有被剥了一层皮的感觉。通过一次次的批评会，他把自己身上的缺点一点点剥落了下来。随着缺点的消除，他感觉到自己在逐渐进步、完善、成长、成熟。

与此同时，他总结出了自己含义不同的39种笑容，并一一列出各种笑容要表达的心情与意义，然后再对着镜子反复练习，直到镜中出现所需要的笑容为止。他甚至每个周日晚上都要跑到日本当时最著名的高僧伊藤道海那儿去学习坐禅。

一次次"批评"、一次次坐禅使这个年轻人开始像一条成长的蚕，随着时光的流逝悄悄地蜕变着。到了1939年，他的销售业绩荣膺全日本之最，并从1948年起，连续15年保持全日本销量第一的好成绩。

1968年，他成为了美国百万圆桌会议的终身会员。

这个人就是被日本国民誉为"练出值百万美金笑容的小个子"；美国著名作家奥格·曼狄诺称之为"世界上最伟大的推销员"的推销大师原一平。

"我们这一代最伟大的发现是，人类可以经由改变自己而改变生命。"原一平用自己的行动印证了这句话，那就是：有些时候，迫切应该改变的，或许不是环境，而是我们自己。

心灵体验

在绝境中的人靠谁来解救自己?是上帝,还是别人?《从改变自己开始》给我们作了很好的诠释——要靠自己改变自己。生活中你不能左右环境,但是你可以改变你的心情。你不能改变自己的心情,但是你可以改变你的言行。当你收获坦然和幸福的同时,你会发现迫切应该改变的不是环境,而真的是我们自己。

放飞思维

1.老和尚的话让年轻人有了哪些改变?

2.平时我们总是抱怨生活太艰难,命运不公平,从推销大师原一平的成功中你得到了什么启示?

3.怎样理解段末的那句话?

生活就是九十九个回合

◆辛 彬

"痛苦留给你的一切,请细加回味! 苦难一经过去,苦难就变为甘美。"人生重体验,从这个角度来说,99个回合又是一笔宝贵的精神财富,需要人们从各个方面去研究它、吸取它、批判它。

最近读到了美国前总统尼克松的"最新回忆录",这位总统因"水门事件"而下台,但他在回忆录中却以坦然的态度回顾了"水门丑闻"。其中有位先生曾在他辞职之后给了他这样一句忠告:

"不管你是已经被打倒,还是快要支持不住了,请你时时刻刻不要忘记,生活就是99个回合。"

据说这一段话使尼克松下决心在数年后又投身公众舞台。

生活就是99个回合! 因为——

生活就是不断地面对新的挑战。当你一帆风顺、势如破竹的时候,切勿得意,切勿大意,几个回合的胜利并不可靠,生活还有90多场考验。

生活,就要面对失败和挫折。当你一蹶不振、悲观丧气的时候,切勿自暴自弃,几个回合的碰壁又算得了什么,后边还有 90 多个机会。

生活,就要正视错误与过失。当你后悔莫及、情绪低落之时,切勿钻牛角尖,切勿背包袱,一失足又何必成千古恨,前路还有 90 多个山峰!

天才作曲家贝多芬在他 26 岁那年就耳聋了,"耳朵日夜作响,内脏也受剧烈痛楚的折磨,听觉越来越衰退"。在这肉体的痛苦之上,又加上失恋的摧残,使他几乎已至了颠蹶的关头。然而,贝多芬还是顽强地活了 31 年,而他的许多作品都是耳聋后写成的。这靠他的坚强的意志与信念。请看他当时的内心独白:"我要扼住命运的咽喉。它决不能使我完全屈服……噢! 能把人生活上千百次,真是多美!"

贝多芬没有在头几个回合就身心崩溃,他坚持要把"人生活上千百次",他赢了那 90 多个重大回合。

我们再来看一个普通的孩子。这是一个 12 岁的法国儿童巴卡,他在游戏时发现了一颗二次大战时留下地雷,结果地雷爆炸,这孩子双目失明。小小过失也许就毁了他的一生。然而,不! 31 年过去,这位"盲人"却成了轰动欧洲的摄影家。尽管他看不到自己所拍的照片,他却能靠声音对焦来拍出一些获奖的作品,尤其擅长拍姿势优美及轻松的照片。原来,他从小就喜爱拍照,决心成为一个摄影家。一个大的挫折(对其他人来说也许是毁灭性的)并未粉碎他的梦想。

"两眼瞎了并不是说我必须放弃摄影,事实上,在暗房工作对我来说没有什么区别。"巴卡又奋起投身那 90 个回合,他经历了常人想像不到的种种困难,甚至失败;但他毕竟还是使自己的凤愿获得了成功。

一位诗人曾经这样写道:

岁月伴随着落叶渐渐枯黄,
生命能不能再伴枝条发绿?
你等待着吧,你要等待,
总有一天还会有繁花。

这里说的是信念,除了信念,除了等待,更重要的也许就是行动,是"99 个回合"的周而复始的战斗。

99 个回合,当然不可能百战不殆,有失败,有挫折,有错误,有过失,并不奇怪,而且这失败、挫折、错误、过失,本身就是丰富多彩的人生组合元素。只要善于品味,酸甜苦辣麻,皆可入宴席! 歌德曾吟叹道:"痛苦留给你的一切,请细加回味! 苦难一经过去,苦难就变为甘美。"人生重体验,从这个角度来说,99 个回合又是一笔宝贵的精神财富,需要人们从各个方面去研究它、吸取它、批判它。对人生的重大回合,关键时刻,认真总结,反复解剖,将会给自己、给历史留下宝贵的启示。

心灵体验

生活是不断地面对新的挑战:当你一帆风顺时,切勿得意,还有90多场考验等着你;当你困难重重,遭受失败和挫折时,切莫灰心,后面还有90多次机会让你闯!贝多芬、巴卡等不就是在失败后抓住了后面的机会,终偿凤愿么!

放飞思维

1.作者运用了什么论证方法来论证自己的观点?
2.说说你对"生活就是99个回合"的理解。

　　我曾小心地走路，认真地寻找，却不知它栖息在哪个岁月的枝头。我一想再想，在反反复复的疑问中苦苦思索着答案，生活究竟是什么？每个人都有每个人的理解，每个人都有每个人的答案。正是因为这样，才使这个世界变得五彩缤纷，才使不同的生命或成为一捧泥土滋养鲜花，或成为一丝阳光普照生灵，或成为一座坐标引导方向，或成为一缕青烟悄然飘去……

倾听生活的真谛

也许，永远没有那一天

前程如朝霞般绚烂

也许，永远没有那一天

成功如灯火般辉煌

也许，只能是这样

攀援却达不到峰顶

也许，只能是这样

奔流却掀不起波浪

也许，我们能给予你的

只有一颗

饱经沧桑的心

和满脸风霜

简单的道理

◆佚 名

早上醒来,光彩在脸上,充满笑容地迎接未来。

到了中午,光彩在腰上,挺直腰杆活在当下。

到了晚上,光彩在脚上,脚踏实地做好自己。

有一个人去应征工作,随手将走廊上的纸屑捡起来,放进了垃圾桶,被路过的口试官看到了,他因此得到了这份工作。

原来获得赏识很简单,养成好习惯就可以了。

有个小弟在脚踏车店当学徒。有人送来一部坏了的脚踏车,小弟除了将车修好,还把车子擦拭得光亮如新,其他学徒笑他多此一举,车主将脚踏车领回去的第二天,小弟被挖到他的公司上班。

原来出人头地很简单,吃点儿亏就可以了。

有个小孩对母亲说:"妈妈,你今天好漂亮。"母亲问:"为什么?"小孩说:"因为妈妈今天没有生气。"

原来要拥有漂亮很简单,只要不生气就可以了。

有个牧场主人,叫他的孩子每天在牧场上辛勤工作,朋友对他说:"你不需要让孩子如此辛苦,农作物一样会长得很好的。"牧场主人回答说:"我不是在培养农作物,我是在培养我的孩子。"

原来培养孩子很简单,让他吃点儿苦头就可以了。

有一个网球教练对学生说:"如果一个网球掉进草堆里,应该如何找?"有人答:"从草堆中心线开始找。"有人答:"从草堆的最凹处开始找。"有人答:"从草最长的地方开始找。"教练宣布正确答案:"按部就班地从草地的一头,搜寻到草地的另一头。"

原来寻找成功的方法很简单,从一数到十不要跳过就可以了。

有一家商店经常灯火通明,有人问:"你们店里用什么牌子的灯管?那么耐用。"店主回答说:"我们的灯管也常常坏,只是我们坏了就换而已。"

原来保持明亮的方法很简单,只要常常更换就可以了。

住在田里的青蛙对住在路边的青蛙说:"你这里太危险,搬来跟我住吧!"路边的青蛙说:"我已经习惯了,懒得搬了。"几天后,田里的青蛙去探望路边的青蛙,却发现它已被车子轧死,暴尸在马路上。

原来掌握命运的方法很简单,远离懒惰就可以了。

有一只小鸡破壳而出的时候,刚好有只乌龟经过,从此以后小鸡就背着蛋壳过了一生。

原来脱离沉重的负荷很简单,放弃固执和成见就可以了。

有几个小孩很想当天使,上帝给他们一人一个烛台,叫他们保持烛台光亮。结果几天过去了,上帝都没来,几乎所有小孩都不再擦拭那烛台。有一天上帝突然造访,他们每个人的烛台上都蒙上了厚厚的灰尘。只有一个小孩大家都叫他笨小孩,因为上帝没来,他也每天都擦拭,结果这个笨小孩成了天使。

原来当天使很简单,只要实实在在去做就可以了。

有头小猪向神请求做他的门徒,神欣然答应。这时刚好有一头小牛由泥沼里爬出来,浑身都是泥,神对小猪说:"去帮他洗洗身子吧!"小猪诧异地答道:"我是神的门徒,怎么能去侍候那脏兮兮的小牛呢?"神说:"你不去侍候别人,别人怎会知道你是我的门徒呢?"

原来要变成神很简单,只要真心付出就可以了。

有一支淘金队伍在沙漠中行走,大家都步履沉重,痛苦不堪,只有一个人快乐地走着。别人问:"你为何如此惬意?"他笑着说:"因为我带的东西最少。"

原来快乐很简单,拥有少一点儿就可以了。

人生的光彩在哪里?

早上醒来,光彩在脸上,充满笑容地迎接未来。

到了中午,光彩在腰上,挺直腰杆活在当下。

到了晚上,光彩在脚上,脚踏实地做好自己。

原来人生也很简单,只要懂得"珍惜、知足、感恩",你就拥有了生命的光彩。

心灵体验

生活本身十分简单,只是人们往往将自己包装得太复杂,把生活想像得太艰难。这时不妨让心从纷繁复杂中走出来,因为我们相信,一切简单、自然的事物都是美好的。步入了简单,快乐与幸福离你也就近在咫尺了……

放飞思维

1."早上醒来,光彩在脸上,充满笑容地迎接未来。到了中午,光彩在腰上,挺直腰杆活在当下。到了晚上,光彩在脚上,脚踏实地做好自己。"这句话的含义是什么?

2. 你认为作者对"简单"的看法正确吗？你是怎样理解"简单"这一话题的？

3. 文中谈到网球教练找球的方法是"按部就班地从草地的这一头搜寻到草地的另一头。"你同意这种方法吗？为什么？你有更好的找球方法吗？

每天给自己一个希望

◆ 王虎林

> 每天给自己一个希望，哪怕这个希望小得不能再小，只要我们有信心有恒心去追求它去实现它，我们不但会收获快乐，而且会让人生不断丰盈。

有位医生，素以医术高明享誉医学界。他的事业蒸蒸日上，但不幸的是，就在某一天，他被诊断患有癌症。这对他不啻当头一棒。一度，他曾情绪低落，但后来他不但接受了这个事实，而且他的心态也为之一变，变得更宽容、更谦和、更懂得珍惜他所拥有的一切。在勤奋工作之余，他从没有放弃与病魔搏斗。就这样，他平安地度过了好几个年头，到现在，他依然活得很快乐。有人惊讶于他的事迹，问是什么神奇的力量在支撑着他。这位医生笑盈盈地答道：是希望，几乎每天早晨，我都给自己一个希望，希望我能多救治一个病人，希望我的笑容能温暖每个人。

这位医生不但医术高明，他做人的境界也很高。在这个世界上，有许多事情是我们难以预料的。但是，我们不能控制机遇，却可以掌握自己；我们无法预知未来，却可以把握现在；我们不知道我们的生命到底有多长，却知道自己该怎样选择生活；我们左右不了变化无常的天气，却可以适时调整我们的心态。只要活着，就有希望；只要每天给自己一个希望，我们的人生就一定不会失色。

每天给自己一个希望，哪怕这个希望小得不能再小，只要我们有信心有恒心去追求它去实现它，我们不但会收获快乐，而且会让人生不断丰盈。每天给自己一个希望，就是给自己一个目标，给自己一点儿信心，给自己一点儿战胜自我的勇气。希望是什么？是引爆生命潜能的导火索，是激发生命激情的催化剂。每天给自己一个希望，我们将活得生气勃勃，激情澎湃。哪里还有时间去叹息去悲哀，将生命浪费在一些无聊的事情上？

生命是有限的,但希望是无限的。只要我们不忘记每天给自己一个希望,我们就一定能够拥有一个丰富多彩的人生。

心灵体验

希望是荒原上的一盏灯,希望是沙漠中的一滴水,希望是溺水人的一根绳。人只要活着,就有希望。生活就是一方沃土,你播下什么,就收获什么。播下了梦想,无路也有希望;播下你的希望,就能在收获成功的鲜花大道上,踏出一路风光。只要每天给自己一个希望,我们就一定能够拥有一个丰富多彩的世界。

放飞思维

1.医生为什么没有被病魔打倒,却反而活得很快乐!

2.生命是有限的,希望是无限的。你将怎样过好生命中的每一天?

不幸中的万幸

◆佚 名

> 如果耳朵都用来听无聊至极的话,那才叫万幸中的不幸呢!

爱迪生一生有 1093 项发明,但他小时候做实验时,不幸变成了个聋子,双耳几乎听不到声音。

一位对他忌妒得要命的人,故意在一次宴会上,附着爱迪生的耳朵大声喊道:

"尊敬的爱迪生先生,你听得见我在说话吗?"

爱迪生摇了摇头,表示他听不太清楚。

"真可怜啊,双耳不能欣赏美妙动听的音乐,万籁之声纯属放屁,这样的人活着有什么意义呢?"那人痛苦地皱着眉头,满怀同情和挖苦的神情。

爱迪生没有理他,继续吃自己面前的菜。

那人为了缓解无人理他的尴尬气氛,用稍微缓和的语调继续说道:

"你是发明大王,为何不为自己发明一个助听器?听说你不是全聋,可见你也不是全才——什么都会发明的全才。仁慈的上帝啊,你多残忍呀,你在造物时总不能十全十美,你可怜可怜伟大的发明家吧,让他的双耳复聪,哪怕只听一次美妙的乐声也行!"

爱迪生这时候停止了手中的刀叉,对那位附在他耳朵边大声嚷嚷的人说:

"不,先生,耳朵聋了对我来说是很不幸,可它促使我省下听许多无聊话的时间,专心学习搞发明,你难道不认为这又是一件好事吗?"

他顿了顿,又反问道:"譬如,你刚才那几分钟说的话,有多少是非听不可的呢?如果耳朵都用来听无聊至极的话,那才叫万幸中的不幸呢!"

心灵体验

不幸有时会激发人的潜能,专心致志于一项事业。拥有缺陷是人生另一种意义上的丰富和充实。正视了缺陷,它或许会将你带入另一片美丽的风景!所以爱迪生成为了成功者。

放飞思维

1.你知道爱迪生有哪些发明吗?你知道多少有关他的故事吗?与同学们交流交流。

2.从对话中你了解到爱迪生是怎样一个人?

3.结合文章谈谈不幸中的万幸,万幸中的不幸所寓含的哲理。

没有钓住的鱼

◆佚 名

他微笑着,意味深长地说:"在鱼儿尚未被拽上岸之前,千万别吹嘘你钓住了鱼。我不止一次看见大人们在很多场合下都像你这样,结果干了蠢事。"

韦蒂尼对自己首次钓鱼的情景,至今依然历历在目,仿佛刚刚发生在昨天一般。

记得那是初秋时节的一天,温煦的阳光静静地照耀着树林,特洛尔带韦蒂尼去钓鱼。多年的垂钓经历使特洛尔深谙何处小鱼最多,他特意将韦蒂尼安排在最有利的位置上。韦蒂尼模仿别人钓鱼的样子,甩出钓鱼线,眼巴巴地等候鱼儿前来吃食。好一阵子什么动静也没有，韦蒂尼不免有些失望。

"再试试看。"特洛尔鼓励他道。忽然诱饵消失得无影无踪了。"这回好啦，"韦蒂尼暗忖，"总算来了一条鱼！"韦蒂尼赶紧猛地一拉鱼竿，岂料扯出的却是一团水草……

韦蒂尼一次又一次地挥动发酸的手臂，把钓线抛扔出去，但提出水面时却总是空空如也。韦蒂尼望着特洛尔，脸上露出恳求的神色。"再试一遍，"特洛尔若无其事地说，"钓鱼人得有耐心才行。"

突然间，好像有什么东西在拽韦蒂尼的钓线，旋即一下子将它拖入了深水之中。韦蒂尼连忙往上一拉鱼竿，立刻看到一条逗人喜爱的小鱼在璀璨的阳光下活蹦乱跳。"特洛尔！"韦蒂尼掉转头，欣喜若狂地喊道，"我钓住了一条！"

"还没有哩。"特洛尔慢条斯理地说。他的话音未落，只见那条惊恐万状的小鱼鳞光一闪，便箭一般地射向了河心。钓线上的鱼不见了。韦蒂尼功亏一篑，眼看快到手的捕获物又失去了。

韦蒂尼感到分外伤心，满脸沮丧地一屁股坐在草滩上。特洛尔重新替韦蒂尼安上诱饵，又把鱼竿塞到韦蒂尼手里，叫他再碰一碰运气。

"记住，小家伙，"他微笑着，意味深长地说，"在鱼儿尚未被拽上岸之前，千万别吹嘘你钓住了鱼。我不止一次看见大人们在很多场合下都像你这样，结果干了蠢事。事情未办成之前就自吹自擂一点儿用也没有；纵然办成了也无须自夸，这不是明摆着的吗？"

打这之后，每当韦蒂尼听到人们为一件尚未办成的事情而自我吹嘘时，就情不自禁地回想起小河边垂钓的那一幕，回忆起特洛尔那一句格言警语般的忠告："在鱼儿尚未被拽上岸之前，千万别吹嘘你钓住了鱼。"

心灵体验　　人们常说："煮熟的鸭子却飞了。"是啊，生活中诸如此类的事太多了。失败与成功往往只是一瞬间的事，没有恒心、急于求成的结果只会导致最终的失败。以钓鱼来观谈人生，别有深意，发人深思。

放飞思维　　1."韦蒂尼功亏一篑，眼看快到手的捕获物又失去了。"想一想，生活中你有过这样的例子吗？这对你有什么启发？

2.你怎样理解"在鱼儿尚未被拽上岸之前，千万别吹嘘你钓住了鱼"这句话？

不 要 等 待

◆佚 名

> 约翰正要拉绳子，又想，那3只也会进去的，再等等吧。等了一会儿，那3只非但没进去，反而走出来3只。

约翰小时候，有一次和祖父进林子去捕野鸡。祖父教约翰用一种捕猎机，它像一只箱子，用木棍支起，木棍上系着的绳子一直接到约翰隐蔽的灌木丛中。只要野鸡受撒下的玉米粒的诱惑，一路啄食，就会进入箱子。约翰只要一拉绳子就大功告成。

支好箱子，约翰藏起不久，就飞来一群野鸡，共有9只。大概是饿久了，不一会儿就有6只野鸡走进了箱子。约翰正要拉绳子，又想，那3只也会进去的，再等等吧。等了一会儿，那3只非但没进去，反而走出来3只。

约翰后悔了，对自己说："哪怕再有一只走进去就拉绳子。"

接着，又有2只走了出来。如果这时拉绳，还能套住1只，但约翰对失去的好运不甘心，心想，总该有些要回去吧。终于，连最后那1只也走出来了。

那一次，约翰连1只野鸡也没能捕捉到，却捕捉到了一个受益终生的道理：人的欲望是无法满足的，而机会却稍纵即逝。贪欲不仅让约翰难以得到更多，甚至连原本可以得到的也失去了。

心灵体验

能够获得最佳的机会当然最好；但是，如果为了欲望而一味的等待，错失已经光临的机会，将是多么的可惜啊！扩大自己的欲望，无异于将清澈的溪水变成混浊的洪水，冲走原来应有的舒适平静。该满足的时候，就应该满足，不要贪图更大的收获，那样将会让你变得一无所有。

放飞思维

1.生活中我们时常会碰到像约翰捕野鸡的事，当你面对机会时，你将如何选择？

2.读罢此文你得到了什么启示？

咸也好　淡也好

◆（台湾）林清玄

> 生命里的幸福是甜的，甜有甜的滋味。
> 情爱中的离别是咸的，咸有咸的滋味。
> 生活的平常是淡的，淡也有淡的滋味。

一个青年为着情感离别的苦痛来向我倾诉，气息哀怨，令人动容。

等他说完，我说："人生里有离别是好事呀！"

他茫然地望着我。

我说："如果没有离别，人就不能真正珍惜相聚的时刻；如果没有离别，人间就再也没有重逢的喜悦。离别从这个观点看，是好的。"

我们总是认为相聚是幸福的，离别便不免哀伤。但这幸福是比较而来，若没有哀伤作衬托，幸福的滋味也就不能体会了。

再从深一点儿的观点来思考，这世间有许多的"怨憎会"，在相聚时感到重大痛苦的人比比皆是，如果没有离别这件好事，他们不是要永受折磨，永远沉沦于恨海之中吗？

幸好，人生有离别。

因相聚而幸福的人，离别是好，使那些相思的泪都化成甜美的水晶。

因相聚而痛苦的人，离别最好，雾散云消看见了开阔的蓝天。

可以因缘离散，对处在苦难中的人，有时候正是生命的期待与盼望。

聚与散、幸福与悲哀、失望与希望，假如我们愿意品尝，样样都有滋味，样样都是生命中不可或缺的。

高僧弘一大师，晚年把生活与修行统合起来，过着随遇而安的生活。有一天，他的老友夏丏尊来拜访他，吃饭时，他只配一道咸菜。

夏丏尊不忍地问他："难道这咸菜不会太咸吗？"

"咸有咸的味道。"弘一大师回答道。

吃完饭后，弘一大师倒了一杯白开水喝，夏丏尊又问："没有茶叶吗？怎么喝这平淡的开水？"

弘一大师笑着说："开水虽淡，淡也有淡的味道。"

我觉得这个故事很能表达弘一大师的道风，夏丏尊因为和弘一大师是青年时代的好友，知道弘一大师在李叔同时代，有过歌舞繁华的日子，故有此问。弘一大师则早就超越咸淡的分别，这超越并不是没有味觉，而是真能品味咸菜的好滋味与开水的真清凉。

生命里的幸福是甜的，甜有甜的滋味。

情爱中的离别是咸的，咸有咸的滋味。

生活的平常是淡的，淡也有淡的滋味。

我对年轻人说："在人生里，我们只能随遇而安，来什么品味什么，有时候是没有能力选择的。就像我昨天在一个朋友家喝的茶真好，今天虽不能再喝那么好的茶，但只要有茶喝就很好了。如果连茶也没有，喝开水也是很好的事呀！"

心灵体验　　生活需要一种随缘。它要求我们摒除多余的私心、贪欲和抱怨，但也并不意味着消极避世，放弃进取的决心，这种随缘只是教会我们如何在失去面前抚慰一下自己，正如文中所讲："离别的悲哀是为了衬托重逢的幸福。"生命里的酸甜苦辣，各有各的滋味，各有各的内涵。

放飞思维　　1.你认为弘一大师的"道风"是什么？

2.你认为怎样才能在"随遇而安"和"消极遁世"间寻求一个完美的结合点？

自己建造的房子

◆ 朝　阳

把你自己当成那个木匠吧，想想你的房子，每天你敲进去一颗钉，加上去一块板，或者竖起一面墙，用你的智慧好好建造吧！

有个老木匠准备退休，他告诉老板，说要离开建筑行业，回家与妻子儿女享受天伦之乐。

老板舍不得他的好工人走，问他是否能帮忙再建一座房子，老木匠说可以。但是大家后来都看得出来，他的心已不在工作上，他用的是软料，出的是粗活。房子建好的时候,老板把大门的钥匙递给他。

"这是你的房子,"他说,"我送给你的礼物。"

他震惊得目瞪口呆,羞愧得无地自容。如果他早知道是在给自己建房子,他怎么会这样呢?现在他得住在一幢粗制滥造的房子里!

我们又何尝不是这样。我们漫不经心地"建造"自己的生活,不是积极行动,而是消极应付,凡事不肯精益求精,在关键时刻不能尽最大努力。等我们惊觉自己的处境时,早已深困在自己建造的"房子"里了。

把你自己当成那个木匠吧,想想你的房子,每天你敲进去一颗钉,加上去一块板,或者竖起一面墙,用你的智慧好好建造吧!你的生活是你一生惟一的创造,不能抹平重建,即使只有一天可活,那一天也要活得优美、高贵,墙上的铭牌上写着:"生活是自己创造的。"

心灵体验　生活就是这样,其实我们每个人每时每刻都在为自己建造着生命的归宿,今天的任何一个不负责任的后果,以后都会在人生的某个路段等着我们。所以,用心对待我们身边的每一个人,用心对待我们所经手干的每一件事,生活就会少却许多遗憾和悔恨,增添更多的美丽和惊喜。

放飞思维　1.既然生活是自己创造的,那我们应该怎样来把握自己的生活呢?

2.当老板把房子送给他时,老人为什么会震惊得目瞪口呆,羞愧得无地自容?

另一种珍爱

◆乔 叶

我们要学会自己送自己一枝鲜花,自己给自己画一道海岸线,自己给自己一个明媚的笑容。

曾读过一篇小说《绿墨水》,讲一位慈父为使女儿有勇气面对生活而借她同班男生的名义给她写匿名求爱信的故事。感动之余我忽然想到,人真是太脆弱了,似乎总是需要通过别人的语言和感情才能肯定自己热爱自己。如果有一天这世界上没有一个人去关怀你爱护你倾听你鼓励你——人生中必定会有这样的时刻,那时你怎么办呢?

我深深记着一位老音乐家辛酸的轶事。他在"文革"中被下放到农村为牲口铡了整整7年的草。等他平反回来,人们惊奇地发现他并没有憔悴衰老。他笑道:怎么会老呢,每天铡草我都是按4/4拍铡的。为此,我爱上了这位并不著名的音乐家和他的作品,他懂得怎样拯救自己和爱自己。

我同样深深记着另一位音乐家——杰出的女钢琴家顾圣婴。我不止一次为她扼腕叹息。她在"文革"初期自杀了。我知道她不是不爱自己,而是太爱——爱到了溺爱的程度。音乐使她飘逸空灵,清丽秀美,可当美好的东西被践踏的时候,她便毁灭了自己。

为什么不学会爱自己呢?

学会爱自己,不是让我们自我姑息,自我放纵,而是要我们学会勤于律己和矫正自己。这一生总有许多时候没有人督促我们指导我们告诫我们叮咛我们,即使是最亲爱的父母和最真诚的朋友也不会永远伴随我们。我们拥有的关怀和爱抚都有随时失去的可能。这时候,我们必须学会为自己修枝打杈寻水培肥,使自己不会沉沦为一棵枯荣随风的草,而成长为一株笔直葱茏的树。

学会爱自己,不是让我们虐待自己苛求自己,而是让我们在最痛楚无助最孤立无援的时候,在必须独自穿行黑洞洞的雨夜没有星光也没有月华的时候,在我们独立支撑着人生的苦难没有一个人能为我们分担的时候……我们要学会自己送自己一枝鲜花,自己给自己画一道海岸线,自己给自己一个明媚的笑容。然后,怀着美好的预感和吉祥的愿望活下去,坚韧地走过一个又一个鸟声如洗的清晨。

也许有人会说这是一种自我欺骗,可是如果这种短暂的欺骗能获得长久的真实的幸福,自我欺骗一下又有什么不好呢?

学会爱自己。这不是一种羞耻,而是一种光荣。因为这并非出于一种夜郎自大的无知和狭隘,而是源于对生命本身的崇尚和珍重。这可以让我们的生命更为丰满更为健康,也可以让我们的灵魂更为自由更为强壮。可以让我们在无房可居的时候,亲手去砌砖叠瓦,建造出我们自己的宫殿,成为自己精神家园的主人。

学会爱自己,才会真正懂得爱这个世界。

心灵体验　　人生中总要有几段黑暗的隧洞需要我们独自穿行,这些路上没有扶助你的手,没有拥抱你的人,那我们就要学会自己顶风冒雪、高歌前行。为自己伴奏,从容走过每一个雨夜,在第二天晴空下拥抱自己。为了你、我、他,学会爱自己。

放飞思维

1.文题"另一种珍爱"的含义是什么?

2.如果有一天我们失去了所拥有的关怀和爱抚,那时你该怎么办呢?你将如何来珍爱自己呢?

3.读完"女钢琴家的自杀"的故事,你同意作者的观点吗?

渡

◆[美]许达然

那挣扎的船夫,也许是这船夫的父亲,也许还是这船夫,总撑着一群生命的意义,而他却放逐自己在外追求意义,大声讲话后,静静画着远离漩涡的岸。

悠悠过河的小船上是两个衣着褴褛的人。

"你懂哲学吗?"

"不懂。"

"那你人生的意义少掉十分之一了。哲学能加深你的思想。你懂音乐吧?"

"我常听不懂你们的歌。"

"那你人生的意义又少掉十分之一了。音乐能丰富你的感情。文学呢?"

"我不识字。"

"那你人生的意义又少掉十分之一了。文学可以扩展你的境界。你总看懂画吧?"

"不一定懂。"

"唉!你人生的意义差不多只剩一半了,我们都需要真善美,利用文化提高生活。"

"生活!生下来以后就想活下去,总要活着才能讲究加深、丰富、扩展与提高啊!喂,问了一大堆,你是干吗的?"

"我是艺术家。"

忽然一阵大风吹来几堆大浪,搅乱了漩涡,摇撼着小船,颠簸欲翻的船上,镇静的船夫问慌张的艺术家:

"你会游泳吗?"

"不会。"

船翻。船夫没捞那些掉落在水里的艺术品,他勇敢地把艺术家活活带到对岸后,频频喘气。

"下次回来我一定画你的船。"艺术家说。

船夫仍喘着气,没说什么。艺术家说完后勇敢地走自己的路,却忘记了船夫的死活。一路上他为艺术而艺术,画画画,画了没人看没人买也画。不画憔悴的自己,就画外在的东西。画画画,一直画到有人买。别人买了虽然不一定欣赏,但总算肯花钱了。艺术家终于卖出了名,有了钱就想回家,要回家又得过河。

小船上,衣着漂亮的艺术家端详着衫裤褴褛的船夫。船夫使劲撑着船,身体虽健壮,却掩饰不了年岁的侵蚀。

"你是从前的那个船夫吧?"艺术家问道。

"不,我是他的儿子。"船夫回答。

"你父亲呢?"

"死了。"

"为什么?"

"问题不是为什么,而是为谁?"

"为谁呢?"

"为了一个艺术家,他拼命游。艺术家仍活着,我老爸却死了。很久了。"

"那艺术家是谁?"

"不知道。听说爱画有意义的漩涡,却不会游泳。喂,问了一大堆,你到底是干吗的?"

"我是艺术家。没想到为了一个艺术家,你父亲竟牺牲生命。我认得你父亲,当时我觉得他撑着船不求生命的意义。撑船清苦,为什么你也做船夫?"

"问题不是为什么,而是为谁!回答只因我愿意。大家还不造桥,若无船夫,就不能过河了,而没人愿意老在同一条河上带不同的人渡来渡去。"

"为什么你不做别的事?"

"问题不是为什么,而是为谁。我原是泥水匠,还无能力造桥,不如撑船给人过河,过河后别人有更长的路要赶,有更有益的事要做。何况我知道哪里危险,像你这种来观光的人又多,有的就欣赏风景,把河流当花朵,硬说草原雅致,疏忽隔离两岸贫困的河,以致掉进水里去了。"

"我可不是来观光的,我过河要回家,而且我答应为你父亲画船。"

"船画得再美也不能带你过河,画人和漩涡争游吧!"

"但我只画静物,从不画自己不懂的。"

"静物你就都懂吗?船,你不一定懂却也坐在上头。"

船夫又默撑着船,艺术家又默看自己坐在上头,船夫吃力地载他横过漩涡。漩涡在他的脑海里翻滚,他抱住浪,船夫抱住他挣扎着要排开浪。那挣扎的船夫,也许是这船夫的父亲,也许还是这船夫,总撑着一群生命的意义,而他却放逐自己在外追求意义,大声讲话后,静静画着远离漩涡的岸。

上岸后艺术家往故乡走去,说回家后要画故乡的动静。船夫又赶着载人撑船,没说什么。

心灵体验

船夫用生命挽救了艺术家,他虽然不懂哲学,不懂音乐,但他懂得生命的重要。他不但把人渡运到彼岸,还把人的追求、理想、幸福与安康渡运到彼岸。其实,生命的意义不在美丽的言辞中,不在空洞的追求里,而在于实实在在地谋求自己的生存,同时也帮助别人生存。

放飞思维

1.“问题不是为什么,而是为谁”在文中反复出现,仔细揣摩这句话中的不同含义?

2.从船翻之前的对话里,可以看出船夫和艺术家有何差异?

3.最后一段的对比你读出了什么?你愿意选择他们哪个人的生存方式,为什么?

给自己找个对手

◆大 卫

给自己找个对手,说白了就是自己强壮自己、自己锤炼自己。

据说作为一个英雄最大的悲哀并不是被别人打败,而是在征战的疆场上没有一个可以与之一试高低的对手。

在这个世界上我们不可能每一个人都做英雄，我们只是一些普普通通的人。但和那些威名显赫的英雄一样，我们这些凡夫俗子也有一个强烈的渴望，那就是给自己找个对手，让平淡的生活激荡出一些清亮亮、蓝盈盈的浪波。

瀑布寻找深潭作为对手，它在纵身飞跃的刹那，才创造出银瓶乍破、金迸玉溅式的美丽和壮观。

钻机寻找岩石作为对手，它才在寂寞、枯燥的工作中谱出流热溢火的壮歌，才能在单调乏味的日子里释放出自己的能量、闪耀出自己的辉煌。

给自己找个对手，就如同刀寻找剑；歌词在寻找旋律；骆驼在寻找沙漠；金刚钻在寻找瓷器……

给自己找个对手，并不是盲目地寻找"挑战者"。在这儿必须弄清楚的一点就是：我们在给自己寻找"对手"，而不是寻找"敌手"。我们并不想逞一时之能而四面树敌八方威风。我们也绝不想把对手打倒在地，然后气喘吁吁地决出胜负、分出高低。

给自己找个对手，说白了就是自己强壮自己、自己锤炼自己。让那颗历经风霜的心在跌宕起伏的岁月里，能够不断地迎接机遇与挑战，并且把其中的经验与教训作为自己不断成长的营养。

给自己找个对手，从某一意义上说，又何尝不是在检验自己的那根名叫命运的弹簧，到底能够承受多少来自生活的重量！

心灵体验

给自己找个对手也就是培养一种竞争的精神。著名进化论的提出者达尔文早就告诉世人一个真理：物竞天择，适者生存。当然现实生活中给自己找个对手还没到影响生存的程度，但不可否认人只有在竞争的氛围里，才能更加强壮自己、锻炼自己。

放飞思维

1. 仿照第5自然段"给自己找个对手，就如同……"的样子，写一句话，力求生动形象。

2. 现实世界是一个竞争的世界，要使你的人生更加精彩，生活更加充实，就必须时时给自己寻找对手。请结合实际谈谈什么样的对手才是适合你的对手？

3. 文章的主旨是什么，给你怎样的启示？

满树的彩灯

◆佚 名

> 这些漂亮的彩灯原来就不属于松树的一部
> 分,松树没有得到过什么,又何来所谓失去呢?

圣诞节的大街,成了一片灯的海洋,有人在灯海里畅游,有人在其中迷失了道路。就连那些街道边的大树,也被人挂满了五颜六色的彩灯,远远望去,极像一棵发亮的天树。

保罗的心情却异常沮丧,他刚刚极尽排场宴请了一帮朋友。

保罗的生意在半年之前就失败了,但他仍然极力掩盖生意上的失败。他照样过着以前日掷千金的生活,出入租用豪华轿车。他用租来的家具摆在那早已搬空的家里,用租来的电器为客人服务,用仅剩一箱昂贵的葡萄酒款待客人。客人每喝一瓶洋酒,就像是剜了一次保罗的心。等客人酒足饭饱走后,保罗也彻底变成了一个无产者。

保罗为明天的生计发愁,为明天不能再讲排场而焦虑。他不知不觉走到儿时伙伴——在他富裕的时候已经忘记的朋友杰克家里,杰克一家热情地接待了他。

"真没想到啊,你还对我这么热情!"保罗醉眼朦胧地说,"我知道,等明天一公布我破产了,肯定就没人愿意理我了。就像那街上挂彩灯的树,明天彩灯一摘,就没人会多看它一眼了。"

杰克却拉着保罗的手,来到两棵并排的松树前,指着树上那些彩灯说:"这些漂亮的彩灯原来就不属于松树的一部分,松树没有得到过什么,又何来所谓失去呢?其实,这些彩灯对路人来说,是挺迷人漂亮的,可对松树来说,仅仅是个负担罢了。松树不定期地承受彩灯的纠缠不休,忍受彩灯的光源日夜照射而不能好好休息的痛苦,最终松树会因彩灯的披挂衰竭而死。保罗,失败了不要紧,要紧的是丢掉那些无用的虚荣,赶紧重振雄风,从头再来!"

心灵体验

虚荣是为了让人们瞧得起自己而挂上的美丽的假面具,漂亮但不舒适。一个人失败了不要紧,只要他有敢于直面惨淡人生的勇气和必胜的信心,他就一定能重新崛起,就会活得轻松自在。如果用虚荣的外表来遮掩，那满负的重荷会让他永远站不起来。

放飞思维

1.文章第 1 自然段着重描写景物，你能理解作者的用意吗？
2.生活中当你面对失败时，是选择做一个敢于直面惨淡人生的勇士，还是做一棵挂满彩灯的松树？为什么？

等待朋友的人

◆佚 名

> 孩子饿死了，妻子也饿死了，猎人克劳第安自己已经奄奄一息，但他仍然坚持站在路边等待。

三个夜行人突然受到一群狼的袭击。

他们手无寸铁，正在惶恐不安中，一个过路的猎人克劳第安解了他们的围。猎人克劳第安开枪打死了一只狼，其余的狼便逃命跑了。

猎人克劳第安和三个夜行人点燃篝火，一边烤狼肉，一边聊天。他们和猎人克劳第安成了朋友。

"猎人大哥，明年这时候我路过这里时，会给你带来一匹棉布，你家就不愁穿衣了。"一个商人说。

"猎人大哥，明年这时候我也会路过这里，到时我会给你送来一车粮油，你全家就不愁吃饭了。"一个农场主说。

"猎人大哥，明年这时候我同样会来，我会给你带来一支上好的猎枪。"一个枪贩子说。

一年后，在三个夜行人与猎人克劳第安约好的日子里，猎人克劳第安来到路边等待。

他让他的妻子和孩子什么事也不要做了，他说，朋友会把吃的穿的都送来的。他折断了自己的旧猎枪，等待着新猎枪。

可是，一天又一天过去了，一个月又一个月过去了，三个朋友竟没有一个到来。

孩子饿死了，妻子也饿死了，猎人克劳第安自己已经奄奄一息，但他仍然坚持站在路边等待。

这一天,商人终于来了,他果然给他带来几捆棉布。

"对不起大哥,外地一个生意耽误了我的行期。为了弥补我的过错,我给您带来三匹棉布。"商人歉疚地说。

第二天,另一个朋友给他拉来两大车粮油。

"对不起大哥,路上遇到了大水,阻了行期,今天我给你送来两车粮油。"农场主说。

第三天,另外那个枪贩子背着一支崭新的猎枪来了,他对猎人克劳第安说,由于一笔生意出了差错,所以现在才赶来,为了弥补自己的过失,他给猎人克劳第安另外背来了一万发子弹。

猎人克劳第安有气无力地说:

"可是这有什么用呢?我的孩子饿死了,妻子也饿死了,我自己也活不过明天了,这些东西对于我来说已经无用了。"猎人说完,闭上了眼睛。

三个朋友面面相觑,他们没有想到,猎人克劳第安由于对他们寄予了太大希望,而出现如此严重的后果。他们不明白,是自己的错,还是猎人克劳第安的错。

心灵体验

人们有一种自然的依赖心理,借此减轻自身的负重,所以人们需要朋友,需要亲人,需要他们的爱来帮他克服困难。这些心外的支撑固然重要,但人更多的时候需要自己支撑自己。

放飞思维

1.猎人克劳第安一家的悲剧是谁造成的?造成悲剧的原因是什么?

2.在人生的道路上是依靠别人,还是靠自己?结合文章和生活实际谈一谈你的体会。

独味生活

◆艾明波

> 独味生活,便也像嚼了一枚青橄榄,但也像吃了一块蜜糖。

生活是什么?

是欢笑,是泪水,是美妙的花,是苦涩的酒,是轻松的不能再轻松的甜歌,是沉重的不能再沉重的压抑……

每个人都有每个人的理解,每个人都有每个人的答案。正是为了寻找这各自迥异的答案,人们才在黄昏或清晨匆匆走上一条属于自己的道路,去发现属于自己的谜底。而正因为这样,由于每个人找到的谜底千姿百态,才使这个世界变得五彩缤纷,才使不同的生命或成为一捧泥土滋养鲜花,或成为一丝阳光普照生灵,或成为一座坐标引导方向,或成为一缕青烟悄然飘去……

在这偌大的没有遮挡的房子里,在这浩瀚无尽的广宇之间,你将成为什么呢?在询问别人的时刻也同时问问自己。那么这就要看你怎样去抉择,怎样去感受,怎样去对待。

你给了生活多少耕耘,生活就会赏赐你多少果实;你给了生活多少懒惰,生活就会回敬你多少苦涩。

独味生活,便也像嚼了一枚青橄榄,但也像吃了一块蜜糖。静静地伫立在自己的岸上,在这仅属于自己的空间,一遍又一遍地提醒自己:别辜负了生活,别辜负了生活那么多无私的给予。有的人愧对了生活,那么他们将留给世界的是一声无奈的叹息。有的人深悟生活的含义,他们将自己的全部力量完全地拼搏,去奋斗、去进取。即使有一天,年龄的吃水线漫过了他们的船头,即使他们的身体瘦弱成一副坚硬的铧犁,仍然以耕耘的形象站立在人生的峰巅,站成旗帜,展示人生的、耐人寻味、催人奋发的经历。也许他们没有惊天动地的壮举,但他们在离开人世的时候,他们可以自豪地说:我们生活过了,我们给予过了。这样,当人们以敬仰的目光寻找他们身后那深深浅浅而又装满苦涩的轨迹时,便是生活给了他们至高至上的无言的评语。

朋友,你不想拥有这样的评语吗?你真想把你的躯壳连同名誉一同带走吗?如果你还有一些恻隐之心,那么请别愧对生活,请别糟蹋生活!

在你执著的奋进中勇敢地搏击风雨；

在你前进的征途中不要把别人踩倒作为你高升的台阶；

在你胜利的时候不要忘掉先辈与同仁的鼓励。

这才是堂堂正正的生活，这才是光明磊落的生活。

心灵体验　生活是什么？是欢笑，是泪水，是美妙的花，是苦涩的酒，是轻松的不能再轻松的甜歌，是沉重的不能再沉重的压抑……走进《独味生活》，作者将告诉你生活的真谛。

放飞思维　1.文章用提问的方式开头，你认为这样写有什么好处？

2.读过此文你觉得生活的谜底是什么？联系实际谈谈你会选择怎样的生活？

3."这样，当人们以敬仰的目光寻找他们身后那深深浅浅而又装满苦涩的轨迹时，便是生活给了他们至高至上的无言的评语。"这句话你怎样理解？你觉得这无言的评语会是怎样的评语？

微笑着继续

◆缪　涛

我要微笑着对自己。笑自己自视甚高的滑稽。孰不知茫茫人海中谁人是我，漫漫千年后我又扮谁？

我爱微笑，并深深迷恋着这种美丽的表情。也许这缘自于我对一位哲人的拜访。我问她怎样才能永远年轻和快乐。哲人笑而不答。刹那间，我大悟道：对呀！是微笑。它不分四季，不论南北，只要有人的地方都会开放。越是高洁的心灵，微笑之花越美。

永远微笑的人是快乐的，永远微笑的面孔永远年轻。

人生的乐趣莫过于微笑着面对一切,它缘自于佛祖拈花微笑的智慧。于是佛教便有了无语的禅宗;于是,从此微笑便成了一种领悟,一种修行。只要你可以自信而不轻狂,悲伤而不颓废,老而不僵化,青春而不摇滚……

我要微笑着对自己。笑自己自视甚高的滑稽。孰不知茫茫人海中谁人是我,漫漫千年后我又扮谁?

我要微笑着面对别人。不论是冒犯,还是恭维。微笑会让冒犯者无地自容。正是你的宽容包容了他人的狭隘,你的理智唤醒他人的良知。你的胜利不再是言语的得失,不再是争一日之长短。而此刻他的心中便会有一粒微笑的种子发了芽。佛家云:"不悟即佛是众生,一念悟时众生是佛。"

面对周围的喝彩,我还以微笑。这微笑更是提醒自己,一切都会过去。"三十功名尘与土,八千里路云和月。"人生的态度最难就是看淡眼前的虚华,把思想放飞,却脚踏实地地前行。

学会微笑,并不只是为保持淑女的仪表,而是发自对生活的理解与感悟。留一个微笑给伤痛,它便会悄然地溜走。因为在你的心中没有太阳照不到的角落让它驻足。留一个微笑给邪恶,你会看到它们在颤抖,因为邪恶最恐惧的正是面对真理的笑容。留一个微笑给善良,它们会发扬光大。留一个微笑给弱者,他会在温暖中成长、生活中微笑……

我要用微笑去点缀今天,用歌声去照亮黑夜。不用再苦苦寻觅快乐,祈求光阴的怜悯。而是含着微笑走过四季,再将它们贮藏成幸福的美酒,享受一生。

我相信,当所有的热情、激情、豪情都如炉膛中的炭火一样慢慢冷却时,才会发现自己所追求的梦想多少都存在着盲目和不切实际,并在一次次的失败与反思中被痛苦放弃了。如果命运只允许我平凡,那么好吧!我会欣然接受,微笑着继续。

不用为自己辩解,用微笑去说明。也许此刻你正沐浴幸福或是遭受着不幸,是享有快乐与健康,还是独受悲伤与病痛。请记住:一切都会过去。

做一条林间的小溪,悠然而新鲜地流过树根,穿过草地。欢喜地看小草高高长,花儿默默红,一切在微笑着继续。

心灵体验

这是一篇极具魅力的散文精品,作者用无数个微笑诠释了对生活的彻悟。有位哲人曾说:微笑是人类最美的表情,微笑蕴含着丰富的含义,传递着动人的情感。

是的,微笑是上苍赐予我们的最厚重、最珍贵、最神奇的礼物。生活中摸爬滚打的人们,即使前方有太多的坎坷,微笑着继续,我们将多一份坦然,少一些遗憾。

放飞思维

1.你怎样理解文章的标题?

2.你觉得微笑有哪些好处,现实生活中你有这种体验吗?把你的感受写下来。

3.文中引用的诗句"三十功名尘与土,八千里路云和月"在文中起什么作用?

人生其实是精彩的

◆马 德

只要我们换一种角度去思考、去观察,就不难发现,生活展现给我们的并不是我们所感觉的那么糟糕,那么阴霾满天,那么没有希望。

一天,一个年轻人站在悬崖边,痛不欲生。

这时,一位老者,长髯飘飘,手舞足蹈,且歌且行。

年轻人叫住老者,问:"老人家,您为何如此快乐?"

老人朗声回答:"天地之间,以人为尊,我是为人;星辰之中,惟日月灿烂,我能早晚相伴;百草之中,五谷最养人,我能终生享用。我为何会不快乐呢?"

年轻人若有所思地点了点头。

老人看到年轻人愁眉不展的样子,就笑着问他:"怎么了,年轻人,什么事使你如此难过?"

"老人家,我总觉得很自卑,不如别人活得有价值。"年轻人还是满脸忧伤。

老者微微一笑,说:"一块泥土和一块金子,谁更自卑呢?"

年轻人刚要作答,老者摆了摆手,继续说:"如果给你一粒种子,去培育生命,泥土和金子谁更有价值呢?"

言罢,老者朗笑而去。

年轻人顿觉释然。

其实,只要我们换一种角度去思考、去观察,就不难发现,生活展现给我们的并不是我们所感觉的那么糟糕,那么阴霾满天,那么没有希望。

还有那个甜面圈的故事。同样是半个甜面圈,悲观者说:唉,只有半个了。乐观者说:天啊,还有半个呢!仅仅是换了一个角度,就呈现出两个完全不同的世界。可见,换一个角度去看问题,对我们的人生来说是多么重要啊!

任何人的一生都不可能一帆风顺,难免会有坎坷、会有艰难,关键是我们怎样去面对。如果把坎坷看做一种调味品,你就会感到坎坷的生活也有滋味;如果把艰难看做一笔宝贵的财富,就会丰富我们的阅历,丰厚我们的人生底蕴。

生活的风雨之后,悬挂在人生背景上的,永远是幸福的彩虹。

心灵体验

任何人的一生都不可能一帆风顺,难免会有坎坷,会有艰难,关键是我们怎样面对。乐观者看到的是生活的希望,悲观者看到的是无尽的苦难,你选择了怎样的态度,就选择了怎样的人生。学会换一个角度去思考去观察,你会发现生活是多么美好,天空是多么明朗,不经生活的风雨坎坷,怎么见幸福的彩虹。

放飞思维

1.你怎样理解文中"甜面圈"的故事?作者写这个故事的用意何在?

2.面对生活中的苦恼和坎坷,你将怎样演绎你精彩的生活?

第一声喝彩

◆秦文君

她其实是在说反话表示对我的喝彩。那是我写作生涯中的第一位喝彩者,那一声叫好等于是拉了我一把,记得当时我流出了泪水。

我家附近有户带院子的普通住家,女主人拖儿带女,有点儿早衰。她家的院子里种满了花,有时女主人就采些花插在一个水桶里在门口出售。我曾在那儿买过大红的康乃馨、黄色的玫瑰,她把花束递过来时,我都能看见她那双粗糙的花农的手。

有一天黄昏,我路过那儿,看见院子里有两株玫瑰开得实在灿烂。它们的花瓣红得像火焰,我指着它们说想要。女主人摇摇头,说每年最好的两朵玫瑰她都要采摘下来寄给远方的两个女儿。女主人的丈夫是个老实巴交的人,他絮絮叨叨地埋怨妻子太落伍,认为还不如卖掉实惠,寄一包玫瑰花瓣儿给女儿毫无意思。可女主人执拗地摇摇头,眼里闪过与她年龄不相称的羞怯。

翌日清晨,我又路过那个鲜花盛开的院子,女主人正守着那两枝挑出的红玫瑰,一脸的慈爱,那种真情流露有一种晶莹剔透的灵丽。我忍不住告诉她:我被感动了,我正在心里为她喝彩。

女主人很吃惊,微微开启的唇中没说出一个字,连老花眼镜滑下来也没发现。然后,她再见到我时眼里充满亲切的神情。有一次她一定要送我一束黄玫瑰,说:"从来没人这么说过我。"我回家把玫瑰数了数,一共10朵,我把其中的一朵送给楼下的漂亮女孩,剩余9朵插入花瓶。那9朵玫瑰代表着我内心的企盼:让我们每个人的生活中都有地久天长的喝彩声。因为我深知,每一声喝彩对一个人意味着什么。

在生活的长河里徜徉,谁都会有拿不准的时候,感觉自己没分量,快被命运冲走,若是此时传来一个振奋的声音,也许这个人就会成为一座大山。也有人将人生比做球赛,若两旁没有真诚的喝彩,这场球赛如何精彩得了!记得我在念初中时有过一个同桌,她牙齿长歪了,说话爱像男生那么骂骂咧咧,打蚊子像拍手鼓掌一样噼啪作响。我不喜欢她的粗鲁,我们两个有过相互肩碰肩坐着却一连半个月没开口说话的记录。

在一次作文评比中,我的一篇精心之作没评上奖,名落孙山,我为此心灰意冷,带着一种挫折感把那篇作文撕成碎片。这时,我那位假小子同桌忽然发出愤怒的声音,她说那篇作文写得很棒,谁撕它谁是有眼无珠。

她其实是在说反话表示对我的喝彩。那是我写作生涯中的第一位喝彩者,那一声叫好等于是拉了我一把,记得当时我流出了泪水。

那位同桌后来仍然不改好战的脾气,我俩也时常有口角,相互挑战,耿耿于怀。然而我至今难忘这个人,因为她的第一声喝彩就像一瓢生命之水,使我心中差点枯萎的理想种子重新发芽、开花、结果。而且,当我回首往事时,都会遗憾当时为何不待她更温和一些,因为她是我生活中的一道明媚的阳光。

也时常有人跑来谢我,说是我的某一句肯定的话,使他眼前豁亮了。其实,我早忘了我曾为他喝过彩。不过,那也无妨。当我们看到别人生命中的亮色,不妨就大声喝彩。这样不仅使对方变得完美,生活充满爱,也使我们的心灵变得博大。因为只有诚实而又热忱的人才会由衷地为别人喝彩。

心灵体验

生活就是这样，你也许是句不经意的赞赏，抑或是一句由衷的赞叹，对方都会因为你的这一声喝彩而备感珍惜：花店的女主人对我以及我对我的假小子同桌等，不都是因为对方的那一声喝彩！

放飞思维

1.第2段中你是赞成女主人的做法呢，还是赞成她丈夫的观点？请简要说明理由。

2.本文主要讲述了哪几种"喝彩"？

3.作者在文中表达了怎样的愿望？请简要说明。

坦然看生活

◆邓 皓

忽然想起泰戈尔的最有名的一句话："天空不留下鸟的痕迹，但我已飞过。"这不正是对"坦然"作了最好的诠释？

活着真叫累，有人这么感喟。

活着真叫烦，更有这么嘘叹。

活着真的美丽，而我却喜欢这么对生活绾结。

寻找了千百条理由之后，才得以发现：生活在我的视野下呈现出与人的不同，不是生活赐予我有什么不同，却仅仅是因为，在我的胸襟之中，盈盈地盛满这么两个字：坦然。

我坦然，于是我心美丽。

我心美丽，于是我的人生跟着美丽。

曾经看到那些假日垂钓者，一大早出门，夕阳之下拎着空空的鱼篓回家的时候，仍是一路欢歌，不禁讶然：付出了一天的等待却一无所获，怎么还可以这般快乐满怀？给我的回答却是：鱼不咬我的钩那是它的事，我却钓上来一天的快乐。对钓鱼的人来说，原来最好的那条鱼便是快乐。

坦然是一种失意后的乐观。

曾经看到那些下零点班的纺织女工,写满倦意的脸上却交织着与朝霞一样灿烂的笑靥,我便想:怎么说女孩子从事这种职业也不是最让人满意的呀!给我的回答却是:公主永远只有一个。但如果没人为她织出那么多彩锦,一个公主也没有哇!对织布的人来说,原来最美的那匹布却是穿在了自己的身上。

坦然是沮丧时的一种调适。

曾经看到一个扫了三十几年大街的老伯,每天把一条长长的大街扫得一尘不染,让上早班的人灿然走过。我便想:这么几十年这样平平淡淡地过,这老伯可说是这小城里生活得最不顺心的一个了?给我的回答却是:这条街只有我扫得最干净。对扫街的人来说,原来扫得最清洁的恰恰是自己的心。

坦然是平坦中的自信。

忽然想起泰戈尔的最有名的一句话:"天空不留下鸟的痕迹,但我已飞过。"这不正是对"坦然"作了最好的诠释?

是的,许多的事得失成败我们不可预料,也承担不起。我们只须尽力去做,求得一份付出之后的坦然和快乐。许多的人我们捉摸不透,防不胜防,往往是我们想走进,人家却早已设起屏障。我们不必计较,我们惟一能做的是,在我们必须面对他们的时候,奉上我们的真心,然后铭感自己的博大。许多的选择如果能让我们抓住,有可能抵达我们的成功,但我们却一次次失去了机会。没有关系,那只是命运剥夺了你活得高贵的权利,却没有剥夺你活得伟大的权利!

记住:没有蓝天的深邃可以有白云的飘逸;没有大海的壮阔可以有小溪的优雅;没有原野的芬芳但可以有小草的翠绿!生活中没有旁观者的席位,我们总能找到自己的位置,自己的光源,自己的声音!

我们有美的胸襟,我们才活得坦然;

我们活得坦然,生活才给我们快乐的体验。

心灵体验

坦然是一种失意后的乐观,坦然是沮丧时的一种调适,坦然是平坦中的自信。我坦然,于是我心美丽,所以我活得快乐。邓皓的一篇《坦然看生活》将教会你在生活中找准自己的位置,怎样活得更坦然。

放飞思维

1. 本文的论点是什么?
2. 请揣摩泰戈尔的诗句在文中的含义。
3. 作者认为"活着真是美丽"的原因是什么?

学会放弃

◆罗军

今天的放弃,是为了明天的得到。于大事业者不会计较一时的得失,他们都知道放弃,如何放弃,放弃些什么。

要想采一束清新的山花,就得放弃城市的舒适;要想做一名登山健儿,就得放弃娇嫩白净的肤色;要想穿越沙漠,就得放弃咖啡和可乐;要想永远有掌声,就得放弃眼前的虚荣。

生活有时会逼迫你,不得不交出权力,不得不放走机遇,甚至不得不抛下爱情。

你不可能什么都得到,所以人,生活中应该学会放弃。

苦苦地挽留夕阳,是傻子;久久地感伤春光,是蠢人。什么也不放弃的人,常常会失去更珍贵的东西。舍不得家庭的温馨就会羁绊启程的脚步,迷恋手中的鲜花很可能就耽误了你美好的青春,不是吗?

今天的放弃,是为了明天的得到。于大事业者不会计较一时的得失,他们都知道放弃,如何放弃,放弃些什么。

放弃,你就可以轻装前进。放弃,你就可以摆脱烦恼,摆脱纠缠,整个身心沉浸在轻松悠闲的宁静中去。

放弃还会改善你的形象,使你显得豁达豪爽。放弃会使你赢得众人的信赖,从而掌握主动。放弃会让你变得更精明,更能干,更有力量。

学会放弃吧,朋友。放弃失恋带来的痛楚,放弃屈辱留下的仇恨,放弃心中所有难言的负荷,放弃耗费精力的争吵,放弃没完没了的解释,放弃对权力的角逐,放弃对金钱的贪欲,放弃对虚名的争夺……凡是次要的、枝节的、多余的、该放弃的都放弃。

心灵体验

生活即是矛盾:一方面是鞭策我们不懈追求,另一方面又强迫我们放弃一切。生活中你不可能什么都得到,苦苦地挽留夕阳,是傻子;久久地感伤春光,是蠢人。学会放弃吧,放弃所有应该放弃的,你就学会了生活。

1. 第2段连用三个"不得不"有什么表达效果？第4～7段哪些是正面论述？哪些是反面论述？

2. 本文列举了很多应当放弃的东西，你认为生活中不能放弃的东西有哪些？

心 安 是 福

◆ 张丽钧

> 突然间，我心里很黯然很惆怅，我在为自己愚蠢地错失了仿效老妇人卸掉重负的机缘而沮丧。

在北戴河海滨，有行走的小贩起劲地兜售贝壳。那是刚刚从大海里打捞出来的各种漂亮彩贝，用塑料袋装着，一袋里面有20多枚。小贩跟定了我，不停地说："买一袋吧！才30块钱，比零买合算多了！"我禁不住诱惑，俯下身，认真地挑选起来。50块钱，我买了两袋，觉得占了很大的便宜。

但是，不久我就懊悔了。那可心的"宝贝"渐渐成了压手的累赘。一手一袋，越走越重，累得人连伞都撑不动了。同行的朋友同样手提两袋贝壳，苦笑着对我说："嗨，你还要不要？你要是要，我把这两袋给你。"

在老虎石附近，我看到一个和我们一样手提贝壳的老妇人，她一定也和我们一样为那压手的"宝贝"所累。只见她蹲下来，双手在沙地上挖了个坑，然后就将那几袋贝壳放进了坑里。我和朋友会意地笑起来。朋友忍不住逗她："阿姨，您当着这么多人的面埋藏宝物，不怕被别人偷走吗？"老妇人一边往坑里填土一边快活地说："呆会儿我走了你就来偷吧！"

离开了老妇人，朋友对我说："要不，咱也先把这东西埋上，等回来的时候再刨出来。你看咋样？"我坚决不同意，说："跟那个坑比起来，我更愿意相信自己的手。"

接下来，我们租垫子戏水，又打水滑梯。玩这些游戏的时候，我们轮流看护着那几袋沉甸甸的"宝贝"。说实在的，获得宝贝的喜悦渐渐被守卫宝贝的辛苦消磨殆尽。

太阳偏西了，我们疲惫不堪地往集合地点走。路过老虎石的时候，我们不约而同地靠近了老妇人埋宝的地方。朋友笑着说："有三种可能——东西被老妇人拿走了；东西被别人拿走了；东西还在。"我环顾了一下四周，确信没人注意自己，将手里的长柄伞猛地往下一戳，"嚓"的一声，是金属碰到贝壳的声音。"还在！"我和朋友异口同声地喊出声来！

突然间，我心里很黯然很惆怅，我在为自己愚蠢地错失了仿效老妇人卸掉重负的机缘而沮丧。想想看，人在世上漫长的旅程中，最沉重的其实并不是某种外物，而是自己那颗无法安定的心啊。一个巢，心安下来就是家；一个穴，心安下来就是福。像那个老妇人，天真地挖了一个坑，然后心安地把一份天真寄存在里面。这一日，她一定玩得比我们好，她轻松地行走，轻松地戏水。待到她归来刨出她的彩贝，她就可以微笑着为自己的心安加冕；而我呢，我在不心安地奔波劳顿之后，又为自己选择了不心安而难以安心。我的累，源于手，更源于心啊。

心灵体验

有人说："使人疲惫的不是远处的高山，而是鞋里的一粒沙子。"因为我们心中有太多的不舍，所以才有了现代人的真叫累。人曰："心闲为福。"此基于充满繁琐碎事的人生，惟有坦诚无愧，无争于世，才能够无憾于己，无损于人，最终达到真正的安乐。俗语有：胜人是祸，饶人是福。骨肉亲情，朋友间留一份圆融仁厚在心，就多一股"福水"在流淌。

放飞思维

1. 面对沉甸甸的"宝贝"我和老妇人各是如何对待的？
2. "想想看，人在世上漫长的过程中，最沉重的其实并不是某种外物，而是自己那颗无法安定的心啊。"你怎样理解这句话？
3. 从老妇人埋贝壳一事中你感悟到了什么？

给别人的幸福让道

◆黄全喜

司机转过脸微笑着说："我不是想让他们让道，是在向新郎和新娘祝福呢。人这一生，这样的喜事只有一次啊！"

晴朗的一天，我携妻乘车到省城拜访久违的朋友，由于朋友的新址不好找，我们便在电话中约定 10 点钟在北站门口不见不散。

急驶的车窗外阳光明媚,满含青草味的春风飘进车内,令人心旷神怡。我与妻讲述朋友上学时的趣事,商量见到朋友该如何打招呼,是热情地拥抱,还是以一声"嗨"开头。忽然,急驶的车慢了下来,并且越来越慢,最后竟然停了下来。往前一看,原来从另外一条街插过来一列迎亲的车队,他们走得非常从容。妻留心查了一下,竟有 16 辆之多,妻满含委屈地说:"看人家迎亲,多气派,你迎娶我时只有三辆车……""这车队里边很多是公车私用的'腐败车',只看那车牌号就知道。""反正是气派……"看着妻委屈的样子,怕妻再说些破坏心情的话,弄不好再把泪招惹出来,我便忙转移话题:"几点了?""9 点 50 分,怎么了?""9 点 50 分?恐怕 10 点赶不到了。"我不禁心急起来。

其他乘客也开始抱怨,有的说:"我还要上班呢,再晚就要迟到了,这月的奖金就泡汤了。"有的说:"好不容易把女友约出来,如果没按时到,又该为此赔礼道歉,并解释一大筐,能不能唤回人家笑脸还难说。"那位中年微胖的司机不答话,只是不时地按着喇叭。我有些着急地说:"别按了,吵得人心烦,再按喇叭他们也不会给你让路的,还不如瞅准机会超过他们呢。"司机转过脸微笑着说:"我不是想让他们让道,是在向新郎和新娘祝福呢。人这一生,这样的喜事只有一次啊!"他顿了顿又说,"别人结婚是件幸福的事,我们有机会为别人的幸福让一次道,不也是很幸福的一件事吗?"

车里顿时安静了下来,善于感动的妻子已是泪盈双眸。

下车时,已是 10 点 30 分,朋友仍在那执著地等着。听我解释完了,朋友深沉地说:"能为别人的幸福让道的人,也一定是一个幸福的人。"

心灵体验 "为别人的幸福让一次道,不也是很幸福的一件事吗?"如一杯淡淡的香茗,沁人心脾,又耐人寻味。是啊!我们每天都在苦苦寻找幸福,其实幸福就在那一次谦让啊!幸福是要靠体味的,你说呢?

放飞思维 1.幸福的真正含义是什么?
2.理解体味文章结尾之语的含义。

把握住现在

◆佚 名

> 过去的只能是现在的逝去，再也无法留住；而未来又是现在的延续，是你现在无法得到的。你却不把现在放在眼里，即使你能对过去了如指掌，对未来洞察先知，又有什么具体的实在的意义呢？

一位哲学家途经荒漠，看到一座很久以前的城池的废墟。岁月已经让这个城池显得满目沧桑了，但仔细地看却依然能辨析出昔日辉煌的风采。哲学家想在此休息一下，他随手搬过来一个石雕坐下来。

他点燃一支烟，望着被历史淘汰下来的城垣，想像着曾经发生过的故事，不由得感叹了一声。

忽然，有人说："先生，你感叹什么呀！"

他四下里望了望，却没有人，他疑惑起来。那声音又响起来，他仔细端详那个石雕，原来那是一尊"双面神"神像。

他没有见过"双面神"，所以就奇怪地问："你为什么会有两副面孔呢？"

"双面神"回答说："有了两副面孔，我才能一面察看过去，牢牢地记取曾经的教训。另一面又可以瞻望未来，去憧憬无限美好的蓝图啊。"

哲学家说："过去的只能是现在的逝去，再也无法留住，而未来又是现在的延续，是你现在无法得到的。你却不把现在放在眼里，即使你能对过去了如指掌，对未来洞察先知，又有什么具体的实在的意义呢？"

"双面神"听了哲学家的话，不由得痛哭起来，他说："先生啊，听了你的话，我至今才明白，我今天落得如此下场的根源。"

哲学家问："为什么？"

"双面神"说："很久以前，我驻守这座城时，自诩能够一面察看过去，一面又能瞻望未来，却惟独没有好好地把握住现在。结果，这座城池被敌人攻陷了，美丽的辉煌却都成为了过眼云烟，我也被人们唾弃而弃于废墟中了。"

心灵体验　时间对我们来说是多么珍贵，无视时间的人，一定会被时间所抛弃。既然过去了的已经无法挽留，未来的又是现在无法得到的,不如好好把握现在,脚踏实地一步一步地走向未来。做一个珍惜时间、珍惜现在的人。

放飞思维

1.“双面神”明白了什么?他落得如此下场的根源是什么?

2.现实生活中有许多这样的“双面神”,请剖析一下自己是否有“双面神”的影子存在?你如何把握住现在呢?

吃苦,是一种资本

◆肖建荣

> 苦,可以折磨人,也可以锻炼人。蜜,可以养人,也可以害人。

会吃苦,是一种资本。说你可怜,你一定没吃过苦,你就不具备这种资本。

只是在影片里见过那被击倒的拳击手,他躺在地上喘着粗气,浑身伤痕累累,嘴角还淌着血,却没有一个人给他送花,为他鼓掌;只是在旅途中看过那赤脚的纤夫,喊着震天动地的号子,弯腰垂首将沉重的纤绳勒进隆起的胸肌……

你充其量是个旁观者。

没有经历饥饿的历史,你便不知道一粒米的可贵,不知那些被太阳晒黑了皮肤的耕种者的可敬,当然更无从感受饿得头昏眼花或者伸手乞讨的可悲和可怕。终日打着饱嗝的人,除了需要一两根牙签剔剔牙齿,爱心和同情对他们来说都是多余的东西。

没有受过寒流的抽打,你的血液里、你的骨髓中就不能孕育生长出抗争的细胞。你必须十分脆弱、容易发抖、容易胆寒,周身缺少足够的热流和火焰,靠什么温暖爱人冻僵的脸庞和手指?

没有尝过寄人篱下的滋味,听不到风凉话,看不到冷脸,过多的奉承让你长出发育不全的性格。突然某一天,你背靠的大树倒了,你开始失宠,在坑坑洼洼的路上,你绝对不如别人那样行走自如。

苦,可以折磨人,也可以锻炼人。蜜,可以养人,也可以害人。这个道理,近期报上刊载的两篇文章正可佐证:

《中国青年报》驻宁记者在盛夏满含深情地写道:“‘火炉’南京:栖身墙下啥滋

味?》文中描述了那些进城谋生的农民在蚊虫的叮咬和暑热的烘烤中,夜宿墙下、桥下、树下的艰辛。而农民却说:"日子过得比老家好。"

《金陵时报》一篇专稿报道,武汉市蔡甸区一年仅19岁的姑娘何伶俐,因"考后感到一点儿信心也没有",虽考分超过高校录取线7分,却在成绩单下发的前一天悬梁自尽。她是船长的女儿,父母的心肝宝贝,一直泡在蜜罐子里长大。蜜喝多了,竟会这般神经兮兮,这般脆弱。

聪明的日本人,在高度发展的物质文明面前已经洞察了这种病变。据说,为了让大和民族的后代依然保存父辈创业的秉性,不少学校特地设立劳动场所,让孩子们使用锉刀、锄头,目的是学会吃苦。

相比之下,我们这一代未免过于娇嫩了。我们怕风怕雨,怕冷怕热,怕打怕骂,怕受刺激……真可怜啊!

我曾在下班路上看到,有个弹棉花的乡下人家,一个瘦弱的婴儿在母亲背上睡了,两根布带拴住他的身体,他的小额头像被吹倒的麦穗儿在母亲背上晃呀晃呀,我真替他捏把汗。可没几天竟见他下地跑呀跑呀,一双眼睛很亮很亮,证明他有极强的生命力。

吃苦,会让人的生命力更加强健。

还是狠狠心把自己推到大自然和社会中去吧,在成长的季节,吃苦经历是你成长的养分。以后你就会知道这种养分价值无穷!

心灵体验

不经生活的苦,哪来幸福的甜;只有尝过了苦的滋味,才会倍加珍惜今天的生活。学会吃苦吧,你就具备了一辈子受益无穷的资本。苦不仅能强健人的体魄,还能磨炼人的毅志。把自己推到大自然和社会中去接受生活的磨炼吧!

放飞思维

1.报刊登载的两篇报道说明了什么,看后你有何感想?

2.你赞同吃苦是一种资本的观点吗?为什么?

3.文章中说日本人已洞察了这种病变,你觉得是一种病变吗?你作为一名中国青少年认为该如何对待?

雨中的脚印

◆佚 名

　　成功的果实总是长在布满荆棘的、弯弯曲曲的小路的尽头。通向成功的路，大多都是崎岖不平、泥泞不堪的。选择干爽笔直的路去走，永远也不可能找到成功的果子。

　　鉴真大师刚刚遁入空门时，寺里的主持让他做个谁都不愿做的行脚僧。

　　有一天，已日上三竿了，鉴真依旧大睡不起。主持推开鉴真的房门，只见床边堆了一大堆破破烂烂的瓦鞋。主持很奇怪，于是叫醒鉴真问："你今天不外出化缘，堆这么一堆破瓦鞋干什么？"

　　鉴真打了个哈欠说："别人一年都穿不破一双瓦鞋，我刚剃度一年多，就穿烂了这么多的鞋子。"

　　主持一听就明白了，微微一笑说："昨天夜里刚落了一场雨，你随我到寺前的路上走走吧。"

　　寺前是一座黄土坡，由于刚下过雨，路面泥泞不堪。

　　主持问："你昨天是否在这条路上走过？"鉴真说："当然。"

　　主持问："你能找到自己的脚印吗？"

　　鉴真十分不解地说："昨天这路又干又硬，哪里能找到自己的脚印？"

　　主持又笑笑说："今天再在这路上走一趟，你能找到你的脚印吗？""能。"言毕，鉴真顿悟。

　　大部分人在一生中都不会一帆风顺，难免会遭受到挫折和失败，但是成功者和失败者非常重要的一个区别就是，失败者会把挫折当成失败，从而每次失败都能深深打击他迈向胜利的勇气；成功者则从不言败，在一次次挫折面前，总会对自己说："我不是失败了，而是还没有成功！"

　　成功的果实总是长在布满荆棘的、弯弯曲曲的小路的尽头。通向成功的路，大多都是崎岖不平、泥泞不堪的。选择干爽笔直的路去走，永远也不可能找到成功的果子。

　　成功就会有鲜花和掌声，但是没有人关注你走过的路。但是我们自己要记得，在这条路上，我们曾经遭遇到的艰难险阻，曾经品尝过的辛酸和苦涩。

　　只有经历过这些，我们才能够摘到成功的果实；只有经历过这些，我们才懂得成功来之不易。

心灵体验

泥泞的路才能留下脚印,根植于苦难之上的成功才最值得珍惜。那些一生碌碌无为的人,不经历风雨,就像一双脚踩在又平坦又坚硬的大路上,什么也没有留下。只有那些在风雨中走过的人,才知道带着痛苦的历程而得到的收获,才有不凡的兴奋,意外的惊喜。

放飞思维

1.主持与鉴真的对话让鉴真顿悟到了什么?
2.雨中的脚印给你怎样的启迪?
3.在你成长的路上会取得一个又一个的成功,在成功的背后会凝结你辛勤的汗水,就成功的得失谈谈你的感受。

拥有一颗平常心

◆佚 名

正面的思想会带来积极的效果,负面的思想会带来消极的效果。很多事情,因角度不同、态度不同,就会产生不同的认知。

一天,国王与宰相们聊天。适逢天下大雨,国王就问:"宰相啊,你说下雨是好事还是坏事啊?"

宰相说:"陛下,臣认为是好事! 因为这样的天气您就不用微服私访了。"

又过了几天,天气闷热,国王又问:"宰相啊,你说老也不下雨,是好事还是坏事啊?"宰相就说:"陛下,是好事! 正好可以微服私访。"

没过几天,国王吃水果时不小心切掉了小拇指,国王觉得不吉利,就问宰相:"你说这是好事还是坏事啊?"宰相又说:"好事!"

国王大怒,将宰相关入地牢。百无聊赖的国王独自去打猎了,不想误中土人陷阱被捉,因为不是全人(缺手指),免去被吃掉的厄运。死里逃生的国王回想起宰相的话,赶紧回宫将宰相从地牢里放出来。他又问宰相:"我把你关在地牢里是好事还是坏事啊?"宰相答道:"当然是好事了,要不是陛下将微臣关在地牢,那么微臣肯定会被土人吃掉了。"

正面的思想会带来积极的效果,负面的思想会带来消极的效果。很多事情,因角度不同、态度不同,就会产生不同的认知。

也许是生存经验的束缚,遇到事情我们总是做好最坏的打算。何必杞人忧天,徒增烦恼呢?

为什么非要往坏的方面想呢? 只要你把想法稍微转换一下,人生就会是一片海阔天空。

心灵体验

塞翁失马,焉知非福。什么事都要用辩证的观点来看待,有失必有得。拥有一颗平常心,从积极的角度去考虑问题,乐观的处世,生活就会是一片海阔天空。如果消极等待,悲观抱怨,便看不到事情有利的一面,不幸也就真的降临了。

放飞思维

1.宰相对国王提出的问题总是回答"好事",从中可看出宰相怎样的人生态度?

2. 事物的利与弊都缘于我们感知生活的心态是否积极与消极,反思重审一下自己,平常生活中自己是何种心态?

人生两条腿

◆佚　名

家是什么?家是一个大大的房子和快乐地生活在里面的亲人,二者缺一便不能说是完整的幸福。

彼特是个很敬业的人,他每周工作7天,每天至少工作12小时。没有人强迫他,可他认为男人嘛,事业便是生命。

每天他半夜三更才回家,早晨儿子上学前总是对爸爸道早安。妻子是他青梅竹马的恋人,很爱他,可是她很少能单独和他在一起。

彼特知道亏欠妻子和儿子,所以他经常给妻子买昂贵的首饰,给儿子带回各种稀奇古怪的玩具,还给儿子许多零花钱,并经常对儿子说:"我爱你和妈妈。"

一切看起来很美满,直到有一天妻子提出离婚。彼特说:"亲爱的,你知道我爱你,我们的儿子也需要我。"妻子反驳道:"如果昂贵的首饰是爱的话,那你确实爱我,如果玩具能代替爸爸的话,那儿子已经不需要你了,你一年有几天是真正属于我们的?"

相信在我们的周围,像彼特一样工作的人,一定不少。这几年,因为一方不顾家而离婚的案例实在是不胜枚举。

热爱工作,当然无可厚非。只是彼特们似乎忘记了自己赚钱的最终目的是什么?让我们想一想,我们赚钱、工作的最终目的到底是什么呢?我想大多数人都会给出一个相同的答案:为了更好的生活。没错,我们赚钱、拼搏的最终目的就是给自己、给家人一个舒适的生活,一个幸福的家。

家是什么? 家是一个大大的房子和快乐地生活在里面的亲人,二者缺一便不能说是完整的幸福。不错,大大的房子要靠钱去买的,要赚钱就得工作。但是如果为了赚钱而放弃与家人团圆之乐,淡漠与爱人的夫妻之情,值得吗?

钱是赚不完的,什么时候只要你想,都可以去赚取。而亲情、爱情,却是易碎品。一旦不精心呵护,它将永远离你而去。

如果没有温馨的气氛和欢乐的笑声,房子再大又怎么样呢?所以说摆正工作和家庭的位置才是今天的人们更应该关注的问题。

把属于家人的时间还给他们,如果他们不再需要你,工作还有什么意义呢?

心灵体验

工作和家庭好比是人的两条腿,工作是为了家庭生活舒适;家庭和睦,生活舒适是为了更好地工作。二者的关系是相辅相成的,只有让这两条腿平衡了,步调才能一致,才能让生活之路走得更好、更远。

放飞思维

1.彼特很爱家庭并且努力工作,为什么妻子儿子不这样认为呢?

2.工作和家庭是人们十分关注的问题,你认为怎样才能摆正它们的位置关系呢?

3.家是一个温馨的港湾,当家中出现矛盾与危机时,你将怎么办?

老师父的脊背

◆佚 名

> 但出乎意料的是,老和尚并没有厉声责备他,只是以平静的语调说:"夜深了,天气太凉,快去多穿件衣服。"

有一位老禅师,一天晚上在禅院里散步,发现墙角有一张椅子。

老禅师心想:这一定是有人不遵守寺规,越墙出去游玩了。老禅师便搬开椅子,蹲在原处观察。一会儿,果然有一个小和尚翻墙而入,在黑暗中踩着老禅师的脊背跳进了院子。

当他双脚落地的时候,才发觉刚才踏的不是椅子,而是自己的师父,小和尚顿时惊慌失措。

但出乎意料的是,老和尚并没有厉声责备他,只是以平静的语调说:"夜深了,天气太凉,快去多穿件衣服。"

小和尚没挨骂,反而受到了师父的关怀,感激涕零。回去后告诉了其他的师兄弟。

从此以后,再也没有人夜里越墙出去闲逛了。

据理力争,得理不饶人是很多人都有的通病。理是什么,是约定俗成的规矩,辩不辩它都存在。为了一个理,唇枪舌剑辩论个口干舌燥,也不见得让人服气。面对有利的条件,不言不语,给别人留有余地,倒是显出大度的胸襟和深沉的城府。

最漂亮的图画,不是重墨浓彩的堆积,而是简单线条的精心勾勒;

最美丽的女孩,不是浓妆艳抹,而是清水芙蓉的天然雕饰;

最有效的说服,不是苦口婆心,而是无言的宽恕。

宽容是人类性情的空间,这个空间愈广大,自己的性情愈有转折的余地,就愈加不会动肝火、闹情绪,愈加不会纠缠于无谓的小事。因此,一个宽容的人,到处可以契机应缘,和谐圆满,微笑着对待人生。

有理也能让三分,得饶人处且饶人,不失为明智的处世态度。

心灵体验

宽容是一种博大的胸怀,是一种至上的美德,是一块成就大业的基石,又是一种积极的处世态度。要想为自己营造一个好的环境,就要学会宽容,理解他人。处世让一步为高,待人宽一分是福。忍一时风平浪静,退一步海阔天空。

放飞思维

1.老和尚的关怀为什么会起到意想不到的效果?

2.宽容会给我们带来哪些好处?

3.很多时候,我们都喜欢据理力争,得理不饶人,读了此篇文章谈谈当你面对此种情况时该怎么办?

不为失去的东西而掉泪

◆佚 名

> 万事如意,是人们真诚的祝福。但我们要清醒的认识到,那只不过是一个美好的祝愿而已,真正的生活中不如意之事常常发生。

据说在法国的一个偏僻小镇里,有一眼神奇的泉水。从外表看,它和别的泉水没有什么不一样。但是却好像有神仙藏在里面。因为无论多么严重的病人,一旦用这里的水洗个澡,就会去百病痊愈了。因此人们都称这眼泉水是"神泉"。

有一天,一个少了一条腿的退伍军人,拄着拐杖,一跛一跛的走过镇上的马路。镇上的人们带着同情的口吻说:"可怜的家伙,难道他要向上帝请求再有一条腿吗?"这一句话被退伍的军人听到了,他转过身对他们说:"我不是要向上帝请求有一条新的腿,而是要向他请教。希望他能教会我没有一条腿,该怎样过日子。"

万事如意,是人们真诚的祝福。但我们要清醒的认识到,那只不过是一个美好的祝愿而已,真正的生活中不如意之事常常发生。如果要抱怨的话,那我们每天似乎就没有其他的话可以说了。其实不开心的事,抱怨它也不能改变它,也不能有人帮你处理它。因为有些事是不可避免的,有些事是无力改变的,有些事是无法预测的。

不如意的事,就像米里的沙子,我们随时都可能遇到。有张口抱怨的工夫,我们完全可以吐掉它。

我们不可能保证事事遂愿,但能做到坦然面对,该放则放,不要把一些垃圾总堆在心里,把乌云总布在脸上,把牢骚总挂在嘴上,否则你自己会是个倒霉蛋,周围的人也会觉得你烦人。

因此明智的人,遇到烦恼事会一笑了之,能补救的补救,无力改变的就坦然受之,调整好自己的心绪做该做的事。

心灵体验

有时候,我们无法改变残酷的现实,但我们却可以改变对待现实的态度,选择怎样的人生态度,选择怎样的人生道路。总之要积极乐观地面对得与失,让自己的生命充满亮丽与光彩。

放飞思维

1.读罢本文,似乎内容与标题并无太大的联系,细细思索,忽又恍然大悟,你是怎样理解本文标题的?

2.从退伍军人的话中,你感受到了什么?

3.当你遇到不顺心的事是像米里的沙子张口吐掉,还是到处抱怨呢?

一 个 譬 喻

◆罗 兰

别人可以在必要时扶你一把,但别人还有别人的事,他不能变成你的一部分,来永远支持你。

从前,有一位体育老师教我们溜冰。

开始时,我不知道技巧,总是跌倒。所以,他给我一把椅子,让我推着椅子溜。

果然,此法甚妙,因椅子稳当,可以使我站在冰上如站在平地上一般,不再跌跤。而且,我可以推着它进行,来往自如。

我想,椅子真是好。

于是,我一直推着椅子溜。

溜了大约一星期之久,有一天,老师来到冰场,一看我还在那儿推椅子哪!这回他走上冰来,一言不发,把椅子从我手中搬去。

失去了椅子,我不觉惊惶大叫,脚下不稳,跌了下去,嚷着要那椅子。

老师在旁边,看着我在那里叫嚷,无动于衷,我只得自力更生,站稳了脚步。

这才发现,我在冰上这样久,椅子已帮我学会了许多。但推椅子只是一个过程,如真要学会溜冰,非把椅子拿开不可——没有人带着椅子溜冰的,是不是?

不要以为你离开了某人就活不下去。

更不要使自己离开某人就活不下去!

世上没有人可支持你一生!

别人可以在必要时扶你一把,但别人还有别人的事,他不能变成你的一部分,来永远支持你。所以还是拿出力量来,承认"坚强独立,自求多福"这八个字吧!

心灵体验

本文充分体现了罗兰散文从生活琐事取材,文笔平实,意旨隽永的写作风格。作者却能平中见奇,从中感悟到学会独立的哲理。正如"文似看山不喜平","横看成岭侧成峰"。

放飞思维

1.这篇散文喻含了一个什么深刻的哲理?

2.老师为什么先要给我一把椅子,后来又不顾我的叫嚷,搬走我手中的椅子?

3.怎样理解"不要以为你离开了某人就活不下去,更不要使自己离开某人就活不下去!"

溺爱与断送

◆张玉庭

无须讳言,对于当代中国的小皇帝们说来,最缺少的不是甜腻腻的"爱",而是磨难与锻炼。

法国思想家卢梭曾说过这样一段发人深省的话:"如果一个孩子,想得到什么就可以得到什么,他就自以为是天下的主人,而当你在最后不得不拒绝给他某种东西的时候,他就会把你的拒绝看做是一种反叛……当他踏入社会后,就会觉得所有的人都在反抗他……这无疑是家庭教育的极大失败。"

由卢梭的论述,我想起了我们中国的小皇帝们。

把独生子女称为小皇帝,这已不是什么新鲜事。由于"皇帝"总是拥有得天独厚的特权,所以,时时"坐享其成",处处"有求必应"的生活方式,使他们很自然地养成了"狂妄自大"、"目空一切",既"依赖别人"又"骄傲任性"的坏习惯。尤其可怕的是,当他们步入社会后,仍然天真地以为社会也是这样一个有求必应的天堂,于是心安理得地等待着"成功",踌躇满志地盼望着"丰收"。由于他们全然不懂"只有耕耘才能收获"、"只有竞争才能生存"、"只有奋斗才能成功"的道理,所以在连续碰壁之后很快心灰意冷,并很快陷入空前的困惑之中。至于结果,便是卢梭说的,把社会的拒绝"看做是一种反叛","觉得所有的人都在反抗他"。

"反抗"一词很值得品味,因为"反抗"总是双向的,实际上,当一个孩子认为所有的人都在反抗他时,他已经陷入了可怕的孤独之中。换言之,如果他不能迅速调整自己的行为以适应社会,他只会在以后的生活中出更多的洋相,吃更多的苦头。

雨果有句名言:"寄托有时意味着断送。"我们的家长们也许未曾注意到,正是上述这种无穷无尽的爱在悄悄折断着孩子们搏击风云的翅膀,而且,这种"爱"的程度越是无以复加,这种"断送"的可能性也就越大。这正如勇敢的小鹰,如果它的父母总是让它养尊处优,总是让它呆在温暖的窝里坐享其成,而从不引导它去经经风雨,见见世面,它怎么可能在以后的日子里展翅高飞,翱翔千里?

无须讳言,对于当代中国的小皇帝们说来,最缺少的不是甜腻腻的"爱",而是磨难与锻炼。这种磨难与锻炼,包括意志、体力、生存能力和竞争能力等,没有这种必要的锤炼,将很难让孩子得到全面的发展。

达尔文说过,优胜劣汰,这不仅是自然界的法则,也可以理解为人类社会的法则。既然如此,我们的家长们就必须明白:溺爱不是爱,而是对孩子们的一种甜蜜的摧残,为了21世纪,快点儿,把小皇帝们从溺爱中拯救出来吧!

心灵体验

"中国把独生子女称为小皇帝",这不能不引起我们的深思。中国的教育确是存在着很大的弊端,一味地溺爱,导致孩子们养成了骄傲任性、目空一切、养尊处优的坏习惯。当感情受到冷落,当人生遇到挫折,当生命受到威胁,我们的孩子能否坚强?当今社会是一个充满竞争的社会,人类社会的生存法则是优胜劣汰,为了适应社会必须让孩子们学会磨炼,学会做搏击风流,翱翔蓝天的雏鹰。

放飞思维

1.现在的独生子女都存在哪些坏习惯?

2.你认为现在的"小皇帝"们最需要的是什么?你如何理解"溺爱不是爱,而是对孩子们的一种甜蜜的摧残"?

3.结合实际谈谈你将怎样去适应21世纪的发展。

　　生活自有生活的缤纷与浪漫，生活自有生活的神韵和色彩，它如水，如花，如雨，如棋，如茶……

　　让我轻轻地、再轻轻地采摘几片最美的、最能感动你的心语，悄悄编织成一段甜蜜悠扬的对话，深深地对你歌，对你唱，对你说……

生活随笔

我们可以欺瞒别人

却无法欺瞒自己

当我们走向枝繁叶茂的五月

青春就不再是一个谜

向上的路

总是坎坷又崎岖

要永远保持最初的浪漫

真是不容易

有人悲哀

有人欣喜

当我们跨越了一座高山

也就跨越了一个真实的自己

感 动 馈 赠

◆乔 叶

> 看着朋友的面庞,我忽然想:感动到底是一种
> 什么情绪呢?是不是对生活的感恩?是不是灵魂里
> 的触动?是不是一颗敏锐的心最温暖、最柔软的那
> 一部分?

一次,我和一位朋友结伴去外地旅行。火车上的时光很是难以打发,幸好列车播音室不断地播放着一些很好听的乐曲,听着这些乐曲,倒是一种很有情调的享受——这些乐曲都是旅客们点播的,在点播词里,有人是献给一同旅行的朋友,有人是献给在火车上刚刚认识的朋友的,还有人是献给乘务员的,更有甚者是献给共同乘坐这辆列车的所有旅客朋友们的。

"其实,听着这些乐曲,我的心里常常十分感动。"朋友忽然说。

"感动什么?"

"为这些点播者啊。"

"你知道他们是出于什么动机吗?"我笑道。

"不论他们是出于什么动机,我觉得自己都有理由感动。"朋友说,"如果他们是为了献给我们祝福,那么我们应当感动;如果他们是为了让我们和他们共同分享快乐,那么我们也应当感动;如果他们并不快乐却想给予我们一些快乐,那么我们就更应当感动。不是吗?"

"可是你看看车厢里的这些人,谁像你这么容易感动?"我环视周围,说道,"说不定还有嘲笑他们,说他们既幼稚又神经呢。"

"所以我为这些人感到有些悲哀。"朋友说,"在今天,当人们满耳朵听到的满嘴巴讲的都是'人心不古,世风日下'的感叹时,却不曾想到:有许多人连这种最起码的感动都会迟钝都会麻木都会吝啬都会熟视无睹——甚至还会失去。也许只有到了有一天,当人们都能够珍视感动、习惯感动,并且常常互相馈赠感动时,我们的世界才会变得真正美好起来吧。"

感动。看着朋友的面庞,我忽然想:感动到底是一种什么情绪呢?是不是对生活的感恩? 是不是灵魂里的触动? 是不是一颗敏锐的心最温暖、最柔软的那一部分?

也许这些都是,也许还不仅仅是这些。

然而无论如何,我知道我都不会再忽略感动轻视感动了。人们常常说:赠人玫

瑰,手有余香。其实感动也是如此啊。

我为自己对感动的感动而深深感动。

心灵体验　　人人心中都有一汪泉,只不过是被尘世的琐碎,生活的纷杂,浑浊了它的清碧透明,使心灵被裹上了一层厚厚的茧子。面对感动,人们显得麻木迟钝而吝啬。只有感动才能让心重归最初的真实血肉的温润鲜活,让心泉重奏美妙的空灵柔和的乐曲。学会了感动我们才有更多对美的关注和对世界的热爱。

放飞思维　　1. 作者的朋友在对生活中感到悲哀的是什么?当人们感叹"人心不古,世风日下"时为什么需要感动?

2."人们常常说:赠人玫瑰,手有余香。其实感动也是如此啊。"你是怎样理解这句话的?

3."感动到底是一种什么情绪呢?是不是对生活的感恩?是不是灵魂里的触动?是不是一颗敏锐的心最温暖最柔软的那一部分?"就这段话,请你任选一个角度谈谈你的观点。

呵 护 世 界

◆佚 名

在我们面对自己时时触摸的生活时,你是不
是像这个小女孩一样的小心呵护,给以关爱呢?

我曾经在一个开满鲜花的公园里散步,当我走近一座花坛时,一个像鲜花一样美丽的小女孩挡住了我,轻轻地说:"叔叔,请你不要走过去,那边有只漂亮的蝴蝶,请你不要惊吓了它。"在我看来,小女孩呵护的不仅仅是一个美丽的小生灵,她关爱的是自己面对着的美好世界。

在我们面对自己时时触摸的生活时,你是不是像这个小女孩一样的小心呵护,给以关爱呢?我们是否常常因为自己的一声斥责、一片怒容、一句搪塞,或是一时的冲撞,就这样弄伤了对方的心灵或是大煞风景,破坏了美好的景致?当然,我们承受着生活的压力,常常有不顺心的时候,会常常在心里怀着一股怒气和怨恨,假若任凭这些情绪到处流泻感染,无疑会使眼中的世界变得灰暗。我通过一段文字,看到了这样一幅温馨的画面:有个绅士走进一家花店,要求把橱窗里的花取出一部分,店里的人照着他的话去做,并问他要买多少。这个绅士出人意料地回答:"我不想买花,只是看它们太拥挤了,怕它们被压坏,想让它们轻松一下。"他就是英国文学家王尔德。在我们生活的每个地方,是否都能常常怀着这样的关爱,为他人为自己留心保护一片美丽的世界?

在接触那些易碎物品时,我们总是小心翼翼的,只怕弄坏了它们,那我们不妨将这份细致带到日常生活里来,小心的呵护和善待我们所生存着的这个世界。

心灵体验

人人都怀着一颗关爱之心,从微不足道的小事做起,乃至呵护一只蝴蝶,一朵鲜花,那么我们的世界该是多么美好。生活中不如意十有八九,假若任凭这些情绪到处漫延,无疑会使眼中的世界变得灰暗,不如怀着一颗善待而关爱的心,为他人,也为自己留下一片美丽的天空,因为我们生存的空间需要大家的善待与细心呵护。

放飞思维

1.小女孩呵护的原本是什么?作者由此发现她呵护和关爱的是什么?

2.作者从小女孩的日常行为中发现了更深层的美,你认为这种美是什么?

3.如果能将文章末段中的"世界"比作有形的事物,它可以是一个微笑、一份礼物,还可以是什么?

放弃是一件最容易的事

◆塞 林

在我放弃考研后，一直都在关心着我的导师，
一位著名的美学教授给我写来一封信，他对我在
最后一刻的放弃感到震惊，语气里流露出那份焦
急和伤心至今令我感动。

10年前，我是个每天记日记的家伙，一口气记了5年多，一天不缺。那时候的生活说不上"丰富多彩"，所以连"与××聊天，谈宇宙起源问题"、"路上见一绝佳美女，恨无缘相识耳"等也全都记录在案。可那时候的思想绝对丰沛。喜欢就各类问题发表长篇论述，一写就是七八页，甚至长达20多页。除了这些还有许多今天看来感到脸红的话："又打牌半天。我发誓，今后再也不玩这种无聊的游戏了！"后面的感叹号又大又粗，且绝对不止一个。可是第二天却照样上场。还有："我决定，从明天开始，不抽一支烟，不喝一滴酒，现在到了考验你意志的时候了！"可是这样的努力每一次都是在室友的诱惑之下宣告失败，我悲哀地发现，如果我被敌人关在牢里，可能只要他们拿出一支烟，我就会投降。其实，什么"誓言"，什么"决定"，心念一转："唉！何必跟自己过不去呢？"

放弃——也就成了我青春时代的主要线索。我太善于放弃，也习惯了放弃，不以放弃为耻，反以放弃为荣，因为我总能找到理由为自己临阵逃脱和出尔反尔开脱，那些理由都很高明，很机智。小到打牌戒烟，大到爱情人生，我屡屡放弃。说一些"大"的吧。20岁，放弃初恋，理由是"太熟悉了"；21岁，放弃考研，理由可以写满10页纸；22岁，放弃出外闯荡，因为怀疑自己是不是有生存能力；23岁，再次中途放弃考研，理由之一是"不想看已看过的书"；25岁，第三次在最后一刻放弃考研，理由可以说上三天两夜，其中之一是"不喜欢武汉"……一年一年，激情衰退，理想变色，越来越不明白自己到底该干什么，又能干什么？然后糊里糊涂，就到了"告别的年代"。

现在终于知道，放弃一点儿都不高明，放弃是一件最容易的事。人要做一件事，也许只有一个，惟一的一个理由支持着你，可要不做一件事，会冒出成千上万个借口。但悟到这一点代价太昂贵了。这代价就是黄金般的青春岁月。

在我放弃考研后，一直都在关心着我的导师，一位著名的美学教授给我写来一封信，他对我在最后一刻的放弃感到震惊，语气里流露出那份焦急和伤心至今

令我感动。我一直把对他的歉疚埋在心底。他信中的一句话令我印象至深。他说，人生当中会有各种各样的机会，有的机会失去了可以重来，有的错过了就再也不会出现。我明白他的意思，因为人的心力终究是有限的，就像一只船，在满帆的时候不能乘风破浪，怎能寄它远航万里呢？

逐渐地不太习惯说"理想"两个字，而用"想法"代替。于是经常问别人也被别人问："有什么想法没有啊？""没什么想法。"就这样，偶尔在一些场合（比如大学校园）听到有人谈"理想"之类，会感到浑身不舒服，甚至还有点儿心理优势，想"你多嫩啊！"开始更关心手头的事，身边的人，开始考虑单位里的小得小失，丈量人际距离，议论是是非非啊……心胸越来越窄，心情越来越坏。这是怎么了？在一次出差的长途汽车上，我顿悟到，这是因为在不知不觉中我已经放弃了"理想"。除了在乎、计较身边的这点儿事，我还能关心什么？在阳光底下，烛光的摇曳微不足道；在大海面前，被风吹皱的一池春水又算什么？可是当理想的阳光和等待远航的大海缺席时，烛光的微微摇曳和池塘中的小波纹就能成为扰动心情的闪电和惊涛，心境也就失去了本该有的明媚和辽阔。

有部日本电视剧，故事很无聊，可主人公的一句话却被我牢牢记住了："人生是没有彩排的，每一天都是现场直播。"我们在无意识中会有一种倾向，以为人生会有重播的那天，所以平常时时放纵自己。其实一生就在"平时"中度过，每一天都不可重复，每天都同样重要。珍视时间，设定目标并努力地坚持去接近它，这就是30岁的我。不再需要豪言壮语，更不会轻言放弃。至少在目前，我还不甘心仅仅成为电影《猜火车》开头旁白说的那样："选择生命，选择工作，选择职业，选择家庭，选择可恶的大彩电，选择洗衣机、汽车、镭射影碟机，选择健康、低胆固醇和牙医保险，选择楼宇按揭，选择你的朋友，选择套装、便服和行李，选择分期付款和三件大西装，选择收看无聊的节目，边看边吃零食……选择你的未来，选择生命。"我知道它说得很真实。

可如果你说生活只能这个样子，那我不相信。

心灵体验　　　生活中，我们经常有放弃的时候。其实，放弃是懦夫的托词，放弃是俗子的怠惰；只有勇敢者从不言放弃。希望你在人生的每天现场直播中永远做个勇敢者。

放飞思维　　　1.读第5段中"烛光的摇曳"、"一池春水"指什么而言？读此句你有何感受？

137

2.“人生是没有彩排的，每一天都是现场直播。”请以人生为话题，用一警策深刻的句子表达你对人生的理解。

3. 结尾作者说：“可如果你说生活只能这个样子，那我不相信。”你怎样理解作者的复杂情感，你是否相信，为什么？

你踢开的不只是一只罐头盒

◆李 剑

城里的孩子们，已经失去了原本可以给他们的童年带来无限乐趣的伙伴。

我的童年，是在乡下度过的。我可以尽情地感受与自然相处的种种乐趣。那时我只有四五岁，整天漫山遍野地游荡，和小鸟、青蛙、蜗牛、蝴蝶和蚂蚁一起度过快乐的时光。

如今，城市里的孩子们可没有我那么幸运。城市的发展使自然环境越来越多地被人工环境取代。城里的孩子们，已经失去了原本可以给他们的童年带来无限乐趣的伙伴。

还记得有一次我在灌木丛中发现了一个鸟窝。这是我第一次遇到鸟窝，是鸟带给我的第一次快乐。窝里有6只小鸟蛋，可爱地互相挤在一起。我拿走了一只鸟蛋，向母亲骄傲地证明我发现了一个鸟窝。母亲微笑着对我说：“如果妈妈找不到你，是不是会很着急？”我点点头。母亲说：“你看，这只鸟蛋就是鸟妈妈的孩子。现在她找不到自己的孩子，心里不知多急呢。”于是我小心翼翼地把那只鸟蛋放回了原处。这件事对我来说是一次难忘的启蒙教育，它使我第一次懂得了做人应当有爱心。

如果类似的事情发生在今天的父母身上，那又会怎样呢？让我们设想，一个孩子正在仔细观察汽车挡风玻璃上的两只昆虫，他惊奇地发现其中一只昆虫有两对翅膀，而另一只昆虫则只有一对翅膀。这正是蜂类和蝇类的区别。他赶快叫来了父亲或者母亲，想让他们分享自己的发现。但是，他的家人走过来，很干脆地拍死了那两只昆虫。成年人无法想像，他们的举动对孩子幼小的心灵造成了怎样的伤害！也许从这时起，孩子开始做出和大人一样的举动，对生命表现得麻木不仁；当他伤害动物的时候，将感受不到良心的谴责。

　　我不知道怎样感谢我的父母。小时候,对于我提出的每一个问题,他们总是表现出极大的关注,并耐心地予以解答。我曾经用了好几天的时间来观察一种极其微小的动物。当时它们正在一个盛满污水的罐头盒里游来游去。但是不久之后,它们的形状又变成了一些倒挂着的钉子,浮在水面上,身上还包围着一层茧。又过了几天,我再去看的时候,这些虫子正从壳里钻出来,张着翅膀飞走了。我怀着极大的兴趣把这件事告诉父亲,父亲解释说,这种小虫子是蚊子的幼虫,要先在水里变成蛹,最后变成有翅膀的成虫。这在我幼小的心灵上打开了一扇窗户,使我觉得世界是多么奇妙啊!

　　现在的家长可没那么多耐心去听一个孩子诉说关于蚊子的事情。他们很简单地一脚踢开那只罐头盒,然后向孩子历数蚊子的种种罪恶,最后得出的结论是我们必须消灭它们。孩子的好奇心就此被扼杀,变得和大人一样迟钝起来。不知家长们想过没有,你踢开的仅仅是一只罐头盒吗?

心灵体验

　　现在的父母,都想让孩子成为有出息的人,读罢《你踢开的不只是一只罐头盒》,使我们对如今家庭教育问题产生了质疑。单调而又压力重重的生活使我们的孩子失去了太多的快乐,在各种各样规矩与训导下,孩子对生活的好奇与创意在不知不觉中被扼杀了。

　　家长们,当孩子在身边絮絮叨叨地述说他的发现时,我们是应该静静地想一想,还是该好好地听一听呢?

放飞思维

　　1.作者的设想为什么会发生到如今的父母身上?是现今的父母缺少了爱心,还是耐心,这引起了我们怎样的深思呢?

　　2.作者的童年是在乡下度过的,为什么作者说城里的孩子们没有他幸运呢?你同意作者的观点吗?试简述你的理由。

我愿意……

◆ 白玲玲

> 我是真不愿意做胶皮糖。可我得实事求是，不愿意难道我就不是吗？所以，论及现在，我也只好说，我愿意是一块胶皮糖。

当小孩的时候，我愿意做一朵很小很小的野花骨朵，躲在路基旁、山坳里、慢坡下的随便什么地方，一下子开出一朵很美很美的小花来。用不着谁看见，也用不着谁欣赏，自然会美呀美呀的，翘着小手指头，咧着嘴角，学戏里的莺莺小姐般的扭腰扭胯地走路，憋假嗓子说话，支使人儿。像一朵长在细嫩竿子上，被风抚弄得再舒服不过的小粉花，对着太阳摇啊摆啊的，又自然，又快乐。

大一点儿了，做个少年人，我希望做一条鱼，整日里活蹦乱跳，强健有力，出溜稀滑，满世界撒野，疯，什么正经事也不干，谁也抓不住。一天到晚闪闪烁烁瞪着大眼四处打探，哪有大海，大海有多大，大海有没有边，怎么才能掉海里，掉海里可就自由了，想管的人这辈子是管不着了。但绝对不懂这样焦渴的向往，可以被称做理想，也可以被唤做幸福。这个年龄幸福最多，可惜不认识。再说，整日里忙着玩完一个再抓一个地玩，根本顾不上幸福不幸福。

青年人了，我想做一棵树，做一棵高大、挺拔、傲岸而又正直的大树。集千种优点于一身，汇万般理想于胸怀，没有一个瑕疵一根多余的枝杈。铮铮硬骨是正气凛然的化身，也是高高在上谁也瞧不起的资本。一头浓密旺盛的绿叶，更是骄傲的宣言，胆敢接下满世界的阳光，满世界地呼风唤雨，以此作为对太阳的回报。总之，勇敢而又傻气，冒失但很可爱。当然，我还经常渴望能做一棵咔吧作响，正在倒下去的大绿树。很壮烈，很英雄，很无畏，很理想，大滴的树浆浓于血，死的时候没有眼泪只有国际歌。也常常很脆，很有限，很能瞎操心，死得稀里糊涂。

老一点儿了，我愿意做一个白胡子老头儿。尽管我非常清楚我做不了白胡子老头，要做也只能做个白头发的姥姥奶奶。我做不了白胡子老头还因为，我非常地喜欢做女人。虽然吃够了做女人该吃的一切苦，苦苦地逃不出做女人的樊笼，想到来生来世如能再投胎，还是觉得做女人才会比较喜欢自己，与我的风格也比较合适。但是，做白胡子老头是幼年的理想。感谢上帝，还有个幼年的印记能守候到现在，算得上是个好造化。我希望老的时候，极其聪明，智慧而又博大，满腹经纶，深谙世事。面有狡猾之光，嘴挂斜斜微笑。人生对他很难再有欺骗，因为上当已不大容易。他终于有了一副旁观者从容自得的尊容,和一把经过岁月梳理的白胡子。就为这样的睿智,我不愿意放弃做白胡子老头的愿望。快死的时候,我愿意做一个生在缓慢向阳坡上不甚光滑、不甚规整的大石头,而且是褐皮的。太阳一出来,周身温暖。太阳要落没落,它先已冰凉,浑然沉默着木然无知了。如果有个什么人,具体的什么人倒无所谓,极其偶然地来这样的石头上一坐,歇一歇人生的疲乏,大石头会无动于衷,任人来去自由。碾得太厉害了,也还可能懒懒地翻动半只眼皮,也斜上一眼,终于无话,就又似睡非睡而去,像是个真正不拿人间事当事的神仙。

死了以后,最好的愿望是当一粒干净的土,学名叫团粒结构。但条件是要绝对的干净,不遭人践踏,不被人污浊,还要绝对地不被搅扰。这样的土,想来想去,必须是在深山老林人迹罕至的地方。想来想去,凡是人到不了的地方,竟都有些不受污染清静单纯的好处。所以我想做一粒和黄山哪大兴安岭啊的土挤在一起的土,暖暖的,沉沉的,非常安全,听得见水欢鸟叫,闻得见松油芳馨,由此,闭上眼也笑得舒心,满当当堆他一脸惬意。我当然知道,这个愿意寸步没有逃脱风水先生的掌心,也有点儿不求上进颓唐的堕落。人生很累,所以我仍然喜欢有个死后贪图享乐的愿意。

说来说去,惟独现在愿意什么没有说到,也惟独现在我没有愿意。这个年龄,究竟愿意点儿什么好呢?

愿意是一朵小花行吗?不行,因为我已经老皮皱脸地成了一棵歪脖子树。继续愿意做一棵大树?也不行,骄傲没有了大树也就倒了。连鱼都做不成,鳍都断了,被绑在固定的位置,只能上下左右可怜兮兮地翻白眼,哪还敢想那个动人魂魄的游?也许现在,我只能做一块胶皮糖。给谁踩一下踹一脚都没感觉,谁来挖一把拉扯一下也无所谓。两头一抻,待死不拉活地滴溜当啷,眼瞅就没气了,一松手,秃噜又缩回去,一点儿不耽误好死不如赖活。不会哭也不会笑了,紫皮厚脸的,只会木着。还会趁人不备,忽地偷偷摸摸粘上去,碍你一家伙,给你来点儿小不舒服,出口闷气。还会干什么呢?

我是真不愿意做胶皮糖。可我得实事求是,不愿意难道我就不是吗?所以,论及现在,我也只好说,我愿意是一块胶皮糖。

心灵体验 　作者以她空灵的性情、纯熟的技巧、斐然的文采,将心底世界演绎得如此阳光灿烂,熠熠生辉,然而现实生活往往让人感到无奈。在一回回聆听"我愿意"的天籁之音中,其实,做胶皮糖也没有什么,只是别忘了,做一块浪漫而又快乐的胶皮糖!

141

1.第2段中作者说"这个年龄幸福最多,可惜不认识","根本顾不上幸福不幸福",那么,你认为这个年龄到底幸福不幸福呢?为什么?

2.怎样理解第3段中"死的时候没有眼泪只有国际歌"这一句子的内涵?

3.怎样理解作者在结尾段流露出来的复杂情感?

做一个战士

◆巴 金

战士是不知道灰心与绝望的。他甚至在失败的废墟上,还要堆起破碎的砖石重建九级宝塔。任何打击都不能击破战士的意志。只有在死的时候他才闭上眼睛。

一个年轻的朋友写信问我:"应该做一个什么样的人?"我回答他:"做一个战士。"

另一个朋友问我:"怎样对付生活?"我仍旧答道:"做一个战士。"

《战士颂》的作者曾经写过这样的话:

我激荡在这绵绵不息、滂沱四方的生命洪流中,我就应该追逐这洪流,而且追过它,自己去造更广、更深的洪流。

我如果是一盏灯,这灯的用处便是照彻那多量的黑暗。我如果是海潮,便要鼓起波涛去洗涤海边一切陈腐的积物。

这一段话很恰当地写出了战士的心情。

在这个时代,战士是最需要的。但是这样的战士并不一定要持枪上战场。他的武器也不一定是枪弹。他的武器还可以是知识、信仰和坚强的意志。他并不一定要流仇敌的血,却能更有把握地致敌人的死命。

战士是永远追求光明的。他并不躺在晴空下享受阳光,却在暗夜里燃起火炬,给人们照亮道路,使他们走向黎明。驱散黑暗,这是战士的任务。他不躲避黑暗,却要面对黑暗,跟躲藏在阴影里的魑魅魍魉搏斗。他要消灭它们而取得光明。战士是不知道妥协的,他得不到光明便不会停止战斗。

战士是永远年轻的。他不犹豫,不休息。他深入人丛中,找寻苍蝇、毒蚊等等危害人类的东西。他不断地攻击它们,不肯与它们共同生存在一个天空下面。对于战士,生活就是不停的战斗。他不是取得光明而生存,便是带着满身伤疤而死去。在战斗中力量只有增长,信仰只有加强。在战斗中给战士指路的是"未来","未来"给人以希望和鼓舞。战士永远不会失去青春的活力。

战士是不知道灰心与绝望的。他甚至在失败的废墟上,还要堆起破碎的砖石重建九级宝塔。任何打击都不能击破战士的意志。只有在死的时候他才闭上眼睛。

战士是不知道畏缩的。他的脚步很坚定。他看定目标,便一直向前走去。他不怕被绊脚石摔倒,没有一种障碍能使他改变心思。假相绝不能迷住战士的眼睛,支配战士的行动的是信仰。他能够忍受一切艰难、痛苦,而达到他所选定的目标。除非他死,人不能使他放弃工作。

这便是我们现在需要的战士。这样的战士并不一定具有超人的能力。他是一个平凡的人。每个人都可以做战士,只要他有决心。所以我用"做一个战士"的话来激励那些在彷徨、苦闷中的年轻朋友。

心灵体验

生活对于每个人来说,其实都是艰难的。这不仅在于我们每天都要为了自己的前途命运而不辞劳苦的奔波,同时还因为生活总是以她的独有的方式考验着我们。而要想不彷徨于这之中,我们就不得不"战斗",不得不成为一名"战士"。

放飞思维

1. 在1、2自然段中,作者分别回答了两个"做一个战士",请你说说这两者在内涵上有什么异同?

2. 你觉得如何在生活中将自己锻炼成一名合格的"战士"?

饥饿是什么味道

◆雷抒雁

> 当需要战胜困难，咬紧牙关时，人们自然而然
> 会说一句豪言壮语："勒紧裤腰带！"饥饿尚可忍，
> 何事不可为！

这个题目是提给那些没有尝到过和已经忘记了饥饿滋味的人的。

一

饥饿的年代，确实离我们已经很遥远了。我们不用再去为几颗粮食，在田野赶杀老鼠，深挖洞穴；也不必埋怨鸟类，尤其是麻雀，争吃了口粮，爬上屋顶、树梢，敲锣打鼓，张网放炮，赶杀那些无辜的小东西。

因为有了粮食，我们显得如此大度、人道、善良。我们养猫、养狗，以无比亲切的口吻和它们交谈。我从电视里看到，南方有一位老人，竟养育了近百只猫，每天和猫同吃同住，显示出一种动人的"物种平等"来。

我的母亲在世时，每天为做饭发愁。她问我的儿子：吃什么饭？儿子总说：随便！老人便很不乐意，说：什么饭都好做，只要有名字，都做得出来，惟独这"随便"不知是什么饭。孩子们没有饥饿感，肚子里装满了各种食品，对于吃饭已丧失了想像力。

对食物的想像力，当然源于饥饿。记得哪一位作家回忆他在乡下，在困难时期、在饥饿难熬的夜晚，和朋友一起"精神会餐"，大家把曾经吃过的，或者听说过的，或者在书本上读到过的关于美食的色、香、味、意、形，用想像"烹炒"得美轮美奂。他回忆说：第二天发现枕头湿了一大片。原来那靠上边湿的是泪水，靠下边湿的是口水。没有了饥饿，我们是不是就肠肥脑满，想像被堵塞了呢？

我有几位经济比较富裕的朋友，他们总在夸奖某些饮食界的年轻人会选"商机"。今日是某野菜，诸如野生的鲜嫩苦菜蘸大酱，一两8元钱，想想看，一斤80元！（我的祖父母曾经每日吃苦菜充饥，该是如何的"奢侈"！）明日又是某某野味山珍，有一回，竟是"红烧黄鼠狼"！有一个词叫"吊胃口"。如今，人们的胃口不好，食欲不振，没有特别的诱饵，想让这些胃口活跃起来难得很！商家的想像力，永远应走在

消费者的前边。没有饥饿感,怎么会有食欲? 这多少有些让人头疼。

二

故事里说到两个皇上。

一个是慈禧太后,不是皇上,但皇上得听她的。据说每餐有200多道菜供她。上一道菜,她顶多尝一口,或者看一眼,大约不尝不看的居多。这叫"无处下箸"。不是菜不好,不敢不好! 厨师长了几颗脑袋! 是老佛爷没胃口。想想看,顿顿这样,闻也闻腻了,看也看够了。大脑里主消化的神经全部麻木,还有什么饥饿可言!

八国联军进了北京,慈禧携皇室西逃,虽说是在难中,这一路也饿不着,各地官员早早把好吃好喝预备齐当了。到了西安,御膳房之规模仍然十分恢弘,荤局、素局、菜局、饭局、粥局、茶局、酪局、点心局,编制依然不减。关中天热,慈禧要吃冰镇酸梅汤,苦于无冰,便派人到百里之外的太白山去寻冰。太白六月积雪,有千年不化之冰洞,地方官员每日派人到太白凿冰运回西安供御膳房用,与当年"一骑红尘妃子笑,无人知是荔枝来"的杨贵妃实在无异。

史载,北京平静,两宫还都之时,一路上慈禧们的饮食更加奢侈。王公大臣,每人"上八八"一席;中、下官员"下八八"一席;随员卫士为"下六六"一桌,依数摆上海味及鸡鸭鱼肉。办席一次,常达数百桌。每过州县,临时搭设的厨棚就占半条街。

落难时,尚且如此,你说他们能知道什么是饥饿的滋味吗?

还有一个皇上,这是传说,不知哪朝哪代。说皇上问大臣:总听老百姓喊饥饿,朕怎么就不知饥饿是什么滋味?大臣不敢回答,也不好回答。这一日群臣和皇上出外狩猎,却不带干粮。打了半天猎,皇上突感不适,肚子疼痛,头上冒汗两眼发黑。急急忙忙告诉大臣说:朕病了!大臣忙说:此病好医。便到一户农家讨了半块饼,一钵水。皇上吃了喝了,立即周身舒坦,病痛尽除。问大臣:朕得的什么病? 大臣说:饥饿!

饥饿也是病! 疗饥非粮食不行。

现在饱食了,富贵病多了,饥饿病甚少听到。因为没了饥饿,对于粮食便不那么重视了。"谁知盘中餐,粒粒皆辛苦",也只唱在孩子们的嘴上。"五谷不分"者,日渐增多。

我的母亲,饥饿中过来的人。对"饥饿"二字刻骨铭心。看到谁随意抛撒粮食,便指斥说:一饱忘了千年饥。

老人不懂历史,却知"千年饥"。这提醒我重温历史。

三

翻开一部几千年的中国历史,刀光剑影,征伐战乱,字里行间充满了血腥之气。没有战乱,又是徭役、苛税,官方的奢侈挥霍;加之,旱、涝、蝗、疫,灾难不断,其直接后果,是"饥饿"。所以,翻读历史,"饥饿"二字,总似幽灵的眼睛闪动着恐怖的光芒。饥饿之下,饿殍遍野,百姓流离失所,瘟疫流行,人人相食,便是常见的景象。

《后汉书·孝安帝纪》记着永初三年(109年)"京师大饥,民相食","并、凉二州大饥,人相食"。

《后汉书·郡国志》记载,建安四年(199年)饥荒连年,人相食啖。江淮间人口,"相食殆尽"。

隋炀帝不只是荒淫无度,且残暴不仁,搜刮民财,民无生路。《通鉴》卷一八三中载:"民外为盗贼所掠,内为郡县所赋,生计无遗,加之饥馑无食,民始采树皮叶、或捣藁为末,或煮土而食之,诸物皆尽,乃自相食。"乱世出恶魔,有个叫朱粲的家伙,聚众20万人,每破州县,烧杀抢掠,没有粮吃,就杀士卒煮妇女儿童来吃。后来竟吃人吃上瘾,每到一处,竟让人供妇女儿童,名为"军食"。这个朱粲后来兵败投唐。唐高祖派了个叫段确的人去慰劳他,段确喝醉了酒问朱粲:"听说你喜欢吃人,人肉是什么味道?"朱粲回答说:"吃醉人好像吃酒糟腌藏的猪肉。"当即将段确的随从几十人都杀吃了。

历来的黑暗社会,一边是饥饿,另一边便是奢侈和残忍。《晋书》里记载那位叫石虎的军阀"夺人妻女,十万盈宫"。后来石氏集团兵败,被慕容围困在邺,城中缺粮,人相食,被石虎掠至后宫的数万民女,都被当成粮食杀吃了。

这些真实的记载从远古一直写了下来。饥饿,让人性的光芒褪尽,使兽性嚣张起来。那些道德、礼仪、法律;那些温文尔雅,温良恭俭;一切人类文明的精神建筑,顷刻都坍塌成了废墟。吃人和被吃,是饥饿留下的两种结果。而不想吃人和被吃,就只有造反了。反正是死路一条,造反或可闯出一条活路。闯王李自成的故事,是一个证据。

四

2002年春天,我有机会去了一趟陕西。在米脂那座依山而建的楼榭里,见识了李自成的"行宫"。李自成的历史故事,成了那里展出的最主要的内容。

在展板上,有一段崇祯二年,即公元1629年,李自成起义的前一年,一位叫马懋才的人写给崇祯皇帝的《备陈灾变疏》,细述了陕北因旱罹灾,民不聊生的状况,读后让人毛骨悚然。

"臣乡延安府，去自岁(崇祯元年)一年无雨，草木枯焦。八九月间，民争采山间蓬草而食。其粒类糠皮，其味苦而涩。食之仅可延以不死。至十月以后而蓬尽矣，则剥树皮而食。诸树惟榆树差善，杂他树皮以为食，亦可稍缓其死。殆年终而树皮又尽矣，则又掘山中石块而食。其石名青叶，味腥而腻，少食辄饱，不数日则腹胀下坠而死……最可悯者，如安塞城西，有粪场一处，每晨必弃二三婴儿于其中，有涕泣者，有叫号者，有呼其父母者，有食其粪土者，至次晨所弃之子无一生，而又有弃之者矣……于是，死者枕藉，臭气熏天，县城外掘数坑，每坑可容百人，用掩其遗骸。臣之来时，已满三坑有余，而数里以外不及掩者，又不知其几矣……民有不甘于食石以死者，始相聚为盗，而一二稍有积贮之民遂为所劫而抢掠无遗矣。有司亦不能禁治，间有获者，亦恬不知畏，且曰：'死于饥与死于盗，等耳；与其坐而饥死，何若为盗而死犹得为饱死也。'"

读到这里，便知李自成何以能振臂一呼，应者云集，一直杀到北京城，坐进了朱明王朝的金銮殿！

五

难道中国历史上就没有过繁荣和富庶？有过，不过都很短暂。

《史记》中记载了武帝之初"民人给家足"的盛世景况："都鄙廪庾皆满，而府库余货财。京师之钱累巨万，贯朽而不可校。太仓之粟陈陈相因，充溢露积于外，至腐败不可食。众庶街巷有马，阡陌之间成群。"

如果不是史家粉饰太平，这真是一派让人兴奋的好风光：陈粮腐烂不能食，钱串绳断得无法数，家家都有马可乘骑，有马可耕田。只可惜这种日子太短促，只几十年，汉武帝穷兵黩武，"多杀众，竭民财力……天下虚耗，百姓流离，物故者半。"百姓依旧陷于饥饿之中。

还有一个是被史家不时夸耀的贞观盛世。那时，"海内升平，路不拾遗，外户不闭，商旅野宿焉。"话虽这么说，但贫富也不均衡，贞观二年，便有报告说："关内旱饥，民多卖子以接衣食。"好日子也未持续多久，几代之后，到了安史之乱，繁华也都竟随风吹雨打去，闹得"居无尺椽，人无烟爨，萧条凄惨，兽游鬼哭"。

中华民族的多灾多难，都体现在难以安居上。我们的许多民俗，也都体现着躲避饥饿的主题。见面问候的礼仪，总是："吃过了没有？""吃饭"是平安、富裕、生存状况良好的第一条件。"民以食为天"，也是在说吃饭是天下第一大事。农业文化里，敬龙王、土地、灶神，无非是祈天祷地，求个风调雨顺，有一口饱食。

六

饥饿，以及怎样战胜饥饿，留给了我们知识、智慧、毅力、经验和一个民族艰苦奋斗、万难不屈的民族精神。当需要战胜困难，咬紧牙关时，人们自然而然会说一句豪言壮语："勒紧裤腰带！"饥饿尚可忍，何事不可为！

20多年的改革开放，第一大成就，就是让我们摆脱了饥饿的困扰。台湾作家李敖说，中国人有两怕：挨饿，挨打。如今，解决了挨饿问题，国家的强盛，会最终解决挨打问题。

为了吃饭，我们砍树垦草，扩大耕田；高山坡上，也种下一块块"挂画田"，"望天田"。广种薄收，最终没打下多少粮食，生态环境却遭到严重破坏。如今，粮食多了，国家就拿出余粮来，让山区的农民退耕还林，退耕还草。文明，总算是在坚实的物质基础上站稳脚跟。

不久前，有个外国人替我们忧虑：谁来养活中国人。他看到13亿中国人，最终还可能成为15亿或更多。吃饭问题，怎么解决？我们有许多文章批评了这"洋佬"的杞人之忧。但我仍然觉得他的话有警世之用。未来的路长得很，我们的目光有些望不透。但是，历史并没有死去，饥饿一旦醒来，就会以比历史上更可怕、更凶残的力量向人们扑过来。毕竟，我们过去只有几千万，几亿人，而现在是十多亿人。把这些嘴巴连接起来会是一条河；而连接起那些辘辘饥肠，又会怎么样？

不能一饱忘了千年饥，你得永远记着饥饿的滋味！

心灵体验

文章引用了大量的历史材料，告诉我们这样一个事实，从古至今我们的民族一直和饥饿二字紧紧地联系着。在饥饿面前，再文明的外衣也会消失得无影无踪，剩下的只会是人本身的兽性。所以尽管我们现在处在一个衣食无忧的年代，但是我们也必须要牢记过去，不能让饥饿之"恶魔"觉醒，更不能"一饱忘了千年饥"。

放飞思维

1.我们现在都生活在幸福美满的生活中，对于"饥饿"的概念都很模糊，读了这篇文章，你有什么感触？

2.文中提到饥饿可以让人脱下所有文明的外衣，你认为这样说有没有什么不妥之处，为什么？

3.自古至今，我们都在和"饥饿"进行着斗争，你认为有朝一日我们会不会也将面临"饥饿"？为什么？

漫谈宽容精神

◆ 肖剑涛

　　懂得宽容别人，自己的性格就有了回旋的余地，不容易发脾气、闹情绪，当面跟别人起冲突。

　　人与人之间的交往最重要的是真诚。然而谁都知道，每个人都有些个人不愿公开的小秘密。而当你的那点儿小"秘密"无意间被人发现了，怎么办呢？

　　第一次世界大战期间，流传着这样一个故事：在那些匆匆忙忙的日子里，英国首相丘吉尔有一天来到白宫，要求美国给予军事援助。他有一个癖好，那就是口叼一支大号的"哈瓦那"雪茄，泡在浴缸里休息。这一天他又泡在白宫的大浴缸里，突然，罗斯福总统踱着步子走进了浴室。场面显得很尴尬。但幽默的丘吉尔立即自我解嘲地说道："总统先生您瞧，我这个大英王国的首相可是什么也没对美国总统隐藏的啊！"两个人一阵大笑，似乎一切问题都在这善意的笑声中解决了。打那以后，英国就从美国得到了全面的军事援助，而同盟军也终于赢得了战争的胜利。

　　你看，宽容使丘吉尔表现出了机智、幽默的谈吐，使他童心常在，同时也使他赢得了战争的主动权。其实，潇洒入世的人最吸引人的个性特征，莫过于他们具有的孩童般的宽容。为什么儿童能够不带任何偏见地感知世界，不正是因为他们能够宽容吗？当一个孩子做错了事，父母把他批评哭了，当时他也许会赌气地说：爸爸坏，妈妈不好。但过了一会儿，他又会亲亲热热地叫爸爸、妈妈。最令成人感动的是，即使小孩子的爸爸、妈妈是个瞎子，或者是个哑巴，小孩子也不会嫌弃他的父母。我们为什么不可以学学儿童，能够宽容他人，也能够宽容自己？

　　是的，宽容使你可表现出好的性情，同时也能引发别人的回应。生活中度量最为重要，宽容乃是人类性格的空间。懂得宽容别人，自己的性格就有了回旋的余地，不容易发脾气、闹情绪，当面跟别人起冲突。

　　相反的，不宽容别人会使我们吃很多苦头。许多青年人，自然也包括成年人，由于不能宽容别人，有时还为一点儿小事，或为一句闲话，导致失眠、肠胃不适、高血压、偏头痛以及情绪紊乱，甚至为一点点小事、一句闲话自杀的人也决非罕见。但是，一旦宽容别人之后，我们往往便会经历一次巨大的改变，这时，宽容即成了一种可以称为再生的净化过程。

　　在美国还流传着美国第三任总统杰斐逊与第二任总统亚当斯之间的交恶与宽容的故事。由于杰斐逊1800年击碎了亚当斯连任总统的美梦，这两位杰出的政治家因而疏远。杰斐逊在就任前夕,到白宫去想告诉亚当斯,他希望针锋相对的竞选活动并没有破坏他们之间的友情。但据说还来不及开口,亚当斯便已开始咆哮:是你把我赶走的,是你把我赶走的。此后两人没有交往达11年之久。后来,在弗吉尼亚州的几个邻居到波士顿去探望亚当斯。这个坚强的老人仍在诉说那难堪的往事,但接着脱口而出说:我一向都喜欢杰斐逊,现在仍然喜欢他。邻居把话传给了杰斐逊,于是他便请一位彼此认识的朋友传话,让亚当斯也知道他依然重视彼此的友情。后来亚当斯回了一封信给他,两人从此便开始了美国历史上也许是最伟大的书信来往,令人惊奇地交换着在政治、哲学、宗教和国民心理方面的意见。

是的,宽容的最重要因素便是爱心。1826年7月4日,亚当斯在临终前用微弱的声音说的最后一句话便是:托马斯·杰斐逊还活着。殊不知杰斐逊就在亚当斯去世前几个小时已经死于蒙蒂塞洛了。

当然了,最高境界的宽容,是宽容那些曾经伤害过我们的人。这不是一件容易的事,但是如果我们这样做了,我们会从中体验到我们的富有和强大。而当一个人能够宽容别人时,也必定能够宽容他自己。因为当他对自己充满自信之后,他无须去防御别人。他敢于正视自己的缺点,对一生中所遭受的不可避免的冲突和挫折具有必要的忍耐力。他能够积极地参加丰富多彩的活动,在活动中克服自己的弱点,使自己不断趋于完善。他也不害怕犯错误,因为他了解错误的潜在价值。每当出现错误时,他不会发出一般人的感叹:真是的,又错了。而是会说:看这个,它能使我想到什么?然后他会利用这错误当做垫脚石,来寻找解决问题的新途径。

佛教里头有一尊弥勒佛,这尊佛代表着充满希望和喜悦的未来。他笑容满面,肚子大大的,表现了宽容的生活智慧。据禅学典籍记载,弥勒佛曾经在中国出现过,他就是布袋和尚。他平常提着一个布袋,手持禅杖,四处化度。虽然到处弘法很辛苦,但他每天都是笑容满面的,充满喜悦自在。他的生活态度表现了对人生的达观与对世情的宽厚。听说,弥勒佛的造型就是依照布袋和尚的样子雕塑的。笑容表现了对未来的希望和愉悦的心情,方耳象征着神气,大肚表示宽厚能容。的确,生活中度量最为重要,它给我们广大的思想空间,无量的性格空间,更给予我们无尽的欢欣。布袋和尚说:我有一布袋,虚空无挂碍,展开遍十方,入时观自在。

——这不失为对宽容精神的一个解说。

心灵体验　　宽容,是一种品格,也是美好性情的自然流露。要做到宽容,也许极为容易,因为它不过是要你收起那咄咄逼人之势,把一份爱心带给别人;继而,要做到宽容又是极为困难的,因为我们往往

生活随笔

需要无条件的耐心和忍让。读懂了宽容的精神,你也就领悟了生活的真谛。

放飞思维

1."宽容"精神的实质是什么?
2.结合本文,说说宽容在生活中的具体表现?
3."我有一布袋,虚空无挂碍,展开遍十方,入时观自在。"你能理解这话的含义吗?你又能做到吗?

享　受

◆张晓风

> 他要的是每一朵他所植下的花,享受它自己的花色、花形和花期。

我不是一个享乐主义者,但对我而言,我仍坚持:活着,即是为享受生命。

像"享受"这样至善至美的字眼有时候也会被污染,真是令人气愤。享受是安息,享受是感谢,像一条自足的小溪满意地沿它曲折多石的河道,一路唱着歌蜿蜒前行——这是享受。我深信,真正的园艺家既非自炫,也不为卖花赚钱,他只为看到一园生命的欣欣向荣,他只为看到小芽初碧时惊动泥土大地的那一个跃姿,他只为看到经霜的松枝可以老得多么迷人,他只为看到每一朵花开代表了一个生命的必然胜利!他要的是每一朵他所植下的花,享受它自己的花色、花形和花期。"如果那朵花凋零了呢?"你问,"难道让他享受自己的萎败吗?"不是的,那朵花仍有很多可以享受的。它可以享受自己丰盈的记忆,累累垂垂的记忆;它可以享受"化作春泥也护花"的尊严;它可以享受花朵一旦变成一粒种的惊讶;它可以享受在泥土下温暖潮湿的黑暗里,怎样把自己舒展,打开,逐渐舞成一株新我的喜悦。因此,容许我深信,上帝造人,是为了让我们享受。

中世纪的苦修教士,甚至穿着粗毛扎人的内衣以求自虐,我不认为他们得到了上帝的喜悦。正如我认为"割股养亲"不是真正的孝,没有一个正常的父母能咽得下儿女的肉,那是一种愚蠢的道德。我也这样解释母亲之缔造生命,不是为巩固自己在家庭中的地位,不是为证明自己的生育能力,不是为养儿防老。一个好母亲不为那些理由生孩子,她要一个孩子,是因为她信仰生命的本身。她要一个孩子,

151

是因为她欣悦于自己的四肢百体,有如风中的花享受着自己的每一瓣洁白,相信从那里面可以缔造另一个完整。她要一个孩子,是因为"活着是如此美好",而她愿意另一个新生命来分享这份美好。

英文里"share"一词是一个好听得像音乐一样的字眼,它代表的意思是"分享、共享"。但不管是分、是共,我们自己必须先有饱饮的、满足的心灵。孙中山先生把林肯的"民享"看做是神来之笔,一字之间,每见胸襟,"民享"真是大政治家的口吻——但不要忘记,在这一切之前,我们先肯定了人世的种种美好,那个"享"字才有其意义。

上帝造人,是于茫茫大化中唤醒一握沉睡的春泥,赋之以形象,赋之以气息,赋之以与上帝同尊同荣的"天子"的地位。他给了我们什么?他给了我们全宇宙,再加上他自己。

稚小的婴儿怎样表示感谢?他只要大口地享受乳汁,愉快地将小头贴在温暖的被褥上欣悦地睡着,便能给父母极大的满足。

而当一个成人在晨起的时候,大口呼吸着朝露;深夜赶路的时候,偶然抬眼,虔诚地为每颗星加一个惊叹号,当他坐下沉思——我正在认真地享有这一切——他便已在不知不觉中完成了上体天心的境界。

去享有生命的一切吧,并且心存感谢。

去享有生命的一切吧,并且分享别人。

心灵体验

上帝造人,是为了让我们享受生命里的一切。如果你曾经认为贪图享受是可耻的,如果你曾经认为享受仅仅是物质性的,那么,请看看这篇文章吧!

放飞思维

1. 概括一下真正的园艺家种植花卉的目的是什么?
2. 作者为什么认为中世纪的苦修教士得不到上帝的喜悦?
3. 分享、共享、民享的前提是什么?

生活拾零

◆乔 叶

　　每天下班,公共汽车从立交桥下拐弯的时候,我都会看到那个男子。他左手捧着玫瑰,右手捧着康乃馨,在汽车的鸣笛和尾气中进退着,流连着。

宽 容

　　和一位朋友去喝茶,谈到了我们都认识的另一位朋友。那位朋友一向以才疏学浅但自我感觉良好著称。"我实在是不能忍受!"她忿忿地说。我笑道:"你总得允许人家也有骄傲的理由。"她白了我一眼:"你就是这样,没有原则的宽容。"我笑起来,没有接话。也许我的心理年龄已经有些提前老化了。我发现我现在越来越缺少与人理论个高低的兴致。我总是觉得:对于生活中的许多事情,不是我宽不宽容的问题,而是我面不面对的问题。如果这件事情与我无关,我就可以不去面对或以沉默面对,如果这件事情与我有关,我就必须得去正面面对和认真面对,如此而已。

　　至于宽容,人家凭什么要得到我的宽容?任何人都是独立的,我必须得允许他的存在——而且,当我对真实的情况并不十分了解时,我很少从个人好恶的角度去评判,因为我知道:无论一个人如何聪明,生活也总有出乎他的意料之处。

巴 西 木

　　在一家宾馆的大堂里,我第一次看见了巴西木。那么的青葱可爱,润泽舒展,令人赏心悦目。有人告诉我说它的生命力特别顽强,从它的肢体上随便截取一小块,泡在水里,它都能很快地成长壮大起来,呈现出盎然的生机。

　　居然有这么神奇的植物?我被震撼了,从心底。我忽然那么渴望自己将来也能像巴西木一样,不论遭受多大的挫折,不论失去家园多久,不论多么孤寂清冷,都能够延伸出一方属于自己的天空。当然,前提也是要把自己泡在水里。那水意味着一切高尚的、纯净的、美好的事物。那水象征着一切明亮的、辽远的、丰盈的梦想。那水包含着一切智慧的、深沉的、珍贵的思绪。

　　那水,是精神的甘泉。

卖 花 人

每天下班，公共汽车从立交桥下拐弯的时候，我都会看到那个男子。他左手捧着玫瑰，右手捧着康乃馨，在汽车的鸣笛和尾气中进退着，流连着。有人买花的时候，他就会绽放着谦卑的笑脸，将花送进车窗中，然后收下零钱，小心地放在紧贴胸口的小帆布袋子里。他的笑容，有些像淡灰的雏菊。

先生要花吗？小姐要花吗？他一遍遍喊着，一般总在小轿车旁边徘徊。他从不向公共汽车这边看一眼，然而他的冷漠却让我感到那么亲切。因为我知道卖完了花他也一定是坐着公共汽车回去的。他之所以不到这里卖花是因为他知道这里都是和他在一个水平线上的人，正如他的家人。卖东西难道还能向家里人卖吗？亦如在街上一起遇到外人和家人的时候，你需要寒暄的肯定是那个外人。

无视和无语，有时反而是一种最默契的表达和最温暖的方式。

一天，我看见他把一枝折损的鲜花珍重地插在衬衣的口袋里，脸上闪烁着一种奇异的光辉。我的泪水在一瞬间涌满了眼眶。我知道我永远也无法忽视这些最轻微最底层的劳动者，我会永远祝福他们充满汗腥味儿的芬芳劳作。

生 活

晚报报道说北三环一辆大卡车掉进了昆玉河中，司机居然没事，游上了岸。又有报道说，西城区有一个老头儿，一天能编一只筐。还有报道说，平安街一泼辣女子违反交通规则且不服交警教育，将一篮子鸡蛋掷在交警身上，终被拘留。最惊人的消息是：尼日利亚一辆大油罐车爆炸起火，烧死了两百多人。

这就是生活吗？

这就是生活啊！

心灵体验

文章用小标题的形式，把生活中的小事、现象、人物、新闻串联在一起，看似偶然、简单平凡的东西，却体现着生活最本质的真谛，只要你善于用眼去观察，用心去感悟。这就是作者给予我们的启示。

放飞思维

1.用简洁的语言概述每个标题的中心思想？2.选出你最欣赏的一个句子，说出你最欣赏的理由。3.《巴西木》中为什么说"那水，是精神的甘泉"？你觉得作者怎样才会成为一株真正的"巴西木"？